恋爱哪能没准备

[韩] 朴秀彬 著

权丽娜 译

广东旅游出版社
GUANGDONG TRAVEL & TOURISM PRESS
悦读书·悦旅行·悦享人生

中国·广州

图书在版编目（CIP）数据

恋爱哪能没准备 /（韩）朴秀彬著；权丽娜译. — 广州：广东旅游出版社，2023.2
ISBN 978-7-5570-1947-1

Ⅰ.①恋… Ⅱ.①朴…②权… Ⅲ.①恋爱-通俗读物 Ⅳ.①C913.1-49

中国版本图书馆CIP数据核字（2022）第027515号

《연애도 계약이다》

著作权合同登记号：图字 19-2021-268 号

出 版 人：刘志松
策划编辑：刘　可
责任编辑：龙鸿波
封面设计：道系胖少年
封面插画：HulXuAN
责任校对：李瑞苑
责任技编：冼志良

恋爱哪能没准备
LIANAI NANENG MEIZHUNBEI

广东旅游出版社出版发行
（广东省广州市荔湾区沙面北街 71 号首、二层）
邮编：510130
电话：020-87347732（总编室） 020-87348887（销售热线）
投稿邮箱：2026542779 @ qq.com
印刷：玖龙（天津）印刷有限公司
地址：天津市武清区豆张庄镇世纪西路 1 号
开本：880 毫米 ×1230 毫米　32 开
字数：108 千字
印张：7.5
版次：2023 年 2 月第 1 版
印次：2023 年 2 月第 1 次
定价：49.80 元

恋爱之前，需要签订一份契约

据说坠入爱河只需要 3 秒钟。不知为什么，爱情给人一种"你不可以陷进去"的不安感，使人既害怕又紧张，即使这样，人们也有无可奈何地陷入爱情的瞬间。但其实人的第六感比想象中还要准确，因此那一刹那的不安，经常会通过人们在选择爱情并维系爱情的过程中发生的诸多曲折得到印证。然而爱情的诱惑太过于强大，以至于人们会无视那一瞬间的感觉，抱着"算了，不管了"的心态把自己扔进那个危险的境地。我们把这种似乎无法控制的感情称作"爱情"。

首先，关于这本书，有些事情需要事先声明一下。在我的文章中，讲述爱情故事的人们既有女性，也有男性。除了偶尔因需要而写作"他／她"以外，其余的时候都统称为"他"。由于我的经验有限，主要以异性恋者为中心来讲述故事。但是我认为"恋爱"是人和人之间存在的各式各样的情感当中，以性爱情感为基础所建立起来的关系。

因此不管是异性恋者还是同性恋者，我相信在发展为恋爱关系的过程中所经历的心动、开心、痛苦、背叛、信赖等问题上，两者并没有很大差别。

说到怦然心动的瞬间，我会想起电影《卡罗尔》（Carol，2015）中两位主人公第一次交谈的场面。到店里购买送给女儿的礼物的卡罗尔（凯特·布兰切特饰）与店员特芮丝（鲁妮·玛拉饰）之间那场短暂的对话，卡罗尔深沉而迷人的眼神与特芮丝纯真又毫无防备的目光时不时相遇的瞬间，让人感觉周围的空气仿佛都突然静止，会不知不觉地注视着对方，两人都并不清楚其中的缘由，只是感觉不能再盯着看了。但即使这样，还是被吸引着目光，想找个借口搭话，甚至觉得如果就这样错过这个人，就好像会失去人生一个重要的机会。内心深处开始产生了动摇，以致手都变得颤抖起来。心想如果再多凝视这个人一秒钟，无法抑制的情感和心脏都有可能会炸掉，继续纠结着到底是该把目光转向别处还是继续凝视对方时，却突然发现"哎呀，时间过了，完蛋了"。

每当看到这种电影时，我都会回想起像电影主人公一样突然间坠入爱河的那些瞬间。那一瞬间的触电感以及感情的波动随着时间的流逝，不仅没有被稀释，反而每次回想时，都会变得更加美好并被放大化。因此我一直说："比起谈恋爱，更想谈'爱情'。"准确地说，是想坠入爱河。然而对坠入爱河之后的事情，我好像既不想考虑也不想负责任。就像以"从此以后，他们一直过着幸福的日子"为结尾的童话故事一样，只要真正地坠入了爱河，就有种爱能够解决日后所有苦难与逆境的感觉。实际上与恋人一起相处多久，怎样度过每一天，对未来有什么规划等问题都没有设想过。

回首我过去以安逸的态度对待恋爱，我对恋爱关系中给予的安全感感到无聊，不仅没有把对方看作是始终需要保持关爱的伴侣，还曾认为对方是我人生中的默认值。面对不愿意以我期望的方式来爱我的另一半，我不仅没有努力去了解或认可他表达爱的方式，有时还指责他"你不爱我"。直到最后，会直接向他发牢骚，"你肤浅的爱情令我很孤独"，或者虽然没有说出来，却早已在心里给他打了不下数百次的叉号，反复发誓要和他分手，终于迎来了离别的时刻。

随着这些失败经验的积累，之后我也认识了新的朋友，且在逐渐了解对方后，与其结成恋爱关系，但此时的我对待感情也有了许多新的看法。就像电影里的主人公一样，只相信彼此喜欢的感觉而开启一段恋爱，这种事情令我感到不安。其实不仅结婚是现实，恋爱也是现实。"如果你是我的恋人，就应该这么做"，这样的话我们听到的次数实在是数不胜数，听朋友们说起来也是如此。她们经常会这样诉苦道："其他纪念日也就算了，每到他生日的时候，我都会预订餐厅并且给他准备礼物，甚至我还告诉他马上就是我的生日了，结果他还是忘记，是不是太过分了？""再忙肯定也有时间上厕所啊，为什么白天他一次都不联系我呢？""他为什么老是在社交网络上装作自己没有恋人呢？""即使我说因为工作太辛苦太抑郁，很想见他，他也都宁死不说'出来吧，一起喝一杯'之类的话。"对恋爱对象的要求，原来每个人都各不相同。

我作为律师，在处理各种契约且经历一些以契约书为依据的诉讼过程中，产生了这种想法：为什么不一开始就写好契约书呢？对于一个词或一句话，双方的想法是如此不同，为什么不提前厘清契约中各项条款的意思呢？对我来说理所应当的事情，对方可能觉得不以为然，为什么不预先确认好"基本事项"中到底包含了什么呢？

虽然我们并不会清楚地意识到这是份契约，但是从买卖物品到处理别人委托的事情、介绍某人或被别人介绍、项目合作、借钱或还钱、维持婚姻生活等，我们的日常生活中有很多部分都是由契约组成的。而且，虽然很多契约并没有用书面的方式呈现，但也会以对方没有履行"应当做的事"为由而废除。签订契约毕竟是人与人之间的事情，每个人都会期待着对方能够将事情做好，然而一旦认定"这是对方理所应当该做的事情"，而结果却没有达到自己的期望，感情就会破裂，契约关系也会随之废除。

举个例子，比如说你订购了一件物品作为礼物送给重要的人，并说明要直接将物品配送到收件人那里。然而收到礼物的人联系你说物品的包装并不精致，这时你肯定会感到生气。站在买家的立场上看，自己明明订购了送礼用的物品，因此认为卖家会准备精美的礼品包装是理所当然的，然而从卖家的立场上看，又可能会觉得"包装里面放满了填充物，不会损坏货物"，这就表明货物包装合同中关于包装的内容已经达成协议。于是买卖双方就此产生了分歧。

虽然在购买物品及安排配送的契约里，买卖双方没有对物品包装的形式进行协商，卖家可能会想，买家需要在礼物包装上另加费用，但自己并没有收到订购人的额外费用，而且买家在订购时只说是送礼用的物品，并没有要求做成礼物包装，因此自己在履行契约方面没有任何问题；然而订购人也许会有异议，送礼用的物品，包装费用理应包含在出售价格里……

在各种契约的世界里，这种因为签订契约时没有协商好而产生分歧的事件比比皆是。

为了保证契约的有效性，首先需要在签订契约之前，彼此确认清楚对方是否能够达成契约的内容，契约意味着相互间意见的一致。所谓契约书只不过是为了证明彼此意见统一的一沓纸张而已，真正重要的是契约双方是否可以遵循约定，彼此是否有信守诺言的意志，签约后此契约是否会维持到完成目标之时，等等。具体契约的细节是在那之后的事情。

关于契约的各种各样的烦恼，一直延续到恋爱。为什么开始恋爱之前，没有跟对方好好说清楚呢？比如说"我是不婚主义者""想和有结婚意向的人交往"，等等。实在不行，哪怕说"我是婚后关系主义者"（有些人把结婚前不发生性关系的态度称为"婚前守贞"。然而婚前守贞一词，普遍被认为是强迫女性婚前不发生性关系，且贬低有性经验的女性的贬义词。由于这个词严重侵犯了未婚女性在性方面的自我决定权，本书将焦点集中于女性的选择这一方面，使用了婚后关系主义者一词。）或"我想谈亲密型恋爱，一周能见两次以上的那种"也可以，关于日后维系爱情的方式，相互之间提前沟通好，岂不是更好？也就是说不是按照社会给人们既定的方式，而是恋爱关系当事人以个人意愿而进行的交涉。

"努力的爱是无稽之谈。"就像朴元的歌曲《努力》所呼吁的那样，爱情，这种情感，总感觉与努力毫无关系。然而坠入爱河的瞬间也许与努力无关，但是在维系爱情，向对方表达自己的爱，并得到对方的爱这一过程中必须要付出努力。我认为维系、表达且得到爱情，这个过程就是"恋爱"。因此恋爱也需要努力和信任，在开始恋爱前双方需要一个完整的交涉过程，就像契约一样。

目录

第一章 开始恋爱之前

第二章　恋爱的开始与消亡

第三章 这并不是恋爱

3

第一章

开始恋爱之前

不能盲目地开始恋爱

"我以后打算不谈爱情，只谈恋爱。"

痴情的 L 叹了口气，说了这句很反常的话。这是在喝了半晌烧酒之后吐出的真言。L 与他初次见面的地方是在一片华丽的夜灯下，那是一个人声嘈杂的地方。L 很喜欢他的眼神，他也确实是 L 心仪的类型。L 是那种在男女关系中经常会产生微妙心理斗争，也就是所谓"推拉"的人。L 和他目光相遇，两人共度良宵。几次见面后，L 才了解到，目前他在生活中并没有对他人敞开心扉，也没有能够体贴对方的闲暇。

尽管如此，已经陷入爱河的 L 天天向他表达自己的心意。为了他的梦想，L 除了本职工作之外的其余时间都倾注在他身上。和他一起工作，一起学习，分享想法，把他的梦想当成是自己的梦想。他把 L 的努力当作垫脚石，逐渐地也有所进步，然而却不愿意承认 L 的功劳。其实 L 想要的并不是火热的夜晚或者电影情节般的拥抱，她只是想听到一句温情的话，得到体贴入微的关心。然而对他来说，自己的世界和自我成就比什么都重要，就这样，L 的心灵屡次受到伤害。L 逐渐无法确信与他的未来是否会幸福。这一场分分合合的恋爱关系，最终还是结束了。

在没有确认是否可以与对方形成恋爱关系之前，自己先坠入爱河的 L，与倾心的对象分手之后苦笑着说："我想找一个不会分手的，值得信赖的人。"话是这么说，但是我们都知道，在不期而至的爱情面前 L 并不会去揣摩对方的心思，因此我对她说道："好，但以后在你敞开心扉之前要先仔细观察对方是什么样的人，是否会感激你所给予他的爱……"（实际上我是在痛斥那个男人在那段时间是怎么对待 L 的，最后我们希望 L 以后再也不要遇见像他那种人。）但是看着 L 天真无邪的脸，我们都有预感，不久后，L 还是会一如既往、赴汤蹈火地陷入爱情之中。

包括我在内，很顾惜 L 的朋友们一致觉得 L 有必要施行"恋爱事前检查制度"，同时忧心忡忡地向 L 讲，坠入爱河前一定要先给我们介绍，或是确认恋爱关系也需要向律师咨询，等等。虽然陷入爱情的 L 很可爱，我们也喜欢这样的 L，但作为朋友，我们也怕 L 遇见剥削爱情的无耻小人，让她的心灵又一次遭到伤害。

物以类聚，人以群分。我同样也是容易坠入爱河的人。有爱慕的对象这件事情在我的生活中充当着能量的源泉作用。对我来说喜欢某个人就等于专注于某件事，这种全神贯注能给予我十足的快感。我的词典里并没有"一点点喜欢"这样的描述，因此对不感兴趣的事情我毫不关心。如果让我被动地去适应既有条件，不管多好的机会我都会觉得无聊。我觉得凭自己的努力获取的机会更有价值。因此比起"懒惰天才型"，我更欣赏"诚实努力型"的人。

如实展现自我

恋爱的时候，如果我中意的人喜欢我，就会令我饶有兴致；相反，对于接受别人单方面的追求，我则倍觉乏味。因此出现稍微称心的人时，我会制造几次机会来观察他是否会展现出使我沉醉的魅力，并认真倾听内心深处的声音。一旦出现能够强烈吸引我的人，我就会尽力去了解对方是什么样的人，对什么类型的话题感兴趣，喜欢什么样的人，又或者不喜欢什么，对我持有什么看法等，并积极地表现出我对他的关切。

在这个过程中，年少的我为了让自己变成对方喜欢的类型费尽了心机。如果交往的恋人喜欢既华丽又整洁的外表，为了更迎合他的喜好，在繁忙的学业中我也打扮得浓妆艳抹、珠光宝气。也曾有过喜欢刘海的恋人，因此我坚持留了好几年并不适合自己的刘海。也因对方说喜欢小巧又可爱的女人，看着并不是小巧可爱的自己而感到惭愧不已。我费尽心思迎合对方的喜好，但展现出来的并不是最真实的自己，偶尔也因此感觉迷失了自我。因为更在意别人眼中的自己，感觉自己并不能接近对方的内心深处。确切地说，感觉对方爱的人并不是"真实的我"，而是"我所展示出来的我"。

回想这些经历，我对爱情也产生了新的想法：他爱着的应该是最真实的我，我所爱的他也应该在我面前展示出最真实的自己，这才是恋爱最好的状态。就如在电影 *Bridget Jones's Diary*（《BJ单身日记》，2001）中马克·达西（科林·费尔斯饰）对布里奇特·琼斯（蕾妮·齐薇格饰）说"I like you very much just as you are."（我很喜欢你，喜欢你真实的样子）这句话时，布里奇特感受到的那种心动，我也很想感受一下这种心动的感觉。毕竟我不管怎么努力，也不可能模仿成另一个人，若自己并不是真实的，也很难诚实地对待对方。

因此在正式交往之前，我们需要展现出真实的自己。在彼此开始有好感的时候，即正处于暧昧阶段时，就要开始探索彼此最真实的面目。若只因对方正合我意而开始一段感情，万一后期了解到对方并非是你所期待的人，又或者你无法满足他的期待，则这段感情通常不会有好的结果。

我想要的恋爱是……

有时我们为了买到某演员在某电影中穿过的针织碎花连衣裙，会在网上搜遍无数个网店去寻找与其相似的款式。有时为了度过愉快的周末下午，会去搜索各种各样的美食店，再累也在所不惜。准备搬家的时候，为了找到满意的房子也会坐着房地产中介的车四处奔波，且进行各种评价，比如这个房子洗手间太小、厨房格局一般、通风不良、采光不好、视野不开阔等。像这样在日常生活中常见的情景，比如挑选完东西后付款，在饭店里吃完饭后结账，制定租赁合同并缴纳押金和房租等，签订各式各样的契约时都会耗尽我们的精力和时间。

更何况是在寻找恋爱的对象时，只因"一见钟情""有点感觉"，我们就可以不去看清对方是什么人吗？倘若刚买的衣服不合适或不喜欢，我们可以选择退换货或者送给亲朋好友；又比如某家店的菜品不合胃口，可以选择以后不去这家店。这些都是小事，我们很少会因为它们心受重创，感到天崩地裂、忧心忡忡，闷闷不乐一整天。然而，恋爱呢？至少对我来说，恋爱中如果遇到问题，会感到烦躁、抑郁、心如死灰，之前喜欢的事情都会变得无趣起来。如此重要的人际关系，怎么可以被一时的感情所左右？

认清真实的自己之后，下一阶段就是明确自己想谈什么样的恋爱，并了解清楚对方是什么样的人。我不想只凭猜测认为我们是天作之合；又或者心存侥幸，觉得虽然目前不是很合适，但可以一起磨合、克服。持有这类想法来开启一段恋情，难免会导致我的恋爱与预期不相符，使我的心灵再次受到伤害。然而详谈此类话题，却比想象中更需要勇气。虽然认清了真实的自己，但是对认识不久的对方袒露自己的想法，难免会有些尴尬；也会害怕自己在表达想法时做不到恰如其分，出现夸大其词的情况，导致对方误会我的意思。于是总是需要经过一番深思熟虑，组织好语言后，我才敢跟对方说清楚我的恋爱观。

倘若不想被对方牵着鼻子走的话，就要积极地表达出自己的想法，也最好问清楚对方的想法。若只是独自揣测，则容易徒耗精力，也容易误会对方。因此要在分享彼此的想法之后，再确认发展关系的可能性并想象两人是否会有未来。其实不管契约的利益有多大，若自己没有信心履行应尽的义务，或不想履行义务，就相当于欺骗对方，则很容易发生违约行为。

被控诉为诈骗罪的被告人经常会这么说："我是真的想还钱给他的。"那么，检察官会盘问道："当时，你有能力还钱吗？"其实，并没有赚钱的能力，还茫然地认为"我一定会还的"；或者明知道自己还不起，还跟对方说："到时候我肯定会还的。"这类情形实际上都属于诈骗。恋爱也是如此，明知道自己不能满足对方的要求，也没想过要满足对方的要求，还口口声声说"我会努力的，你让我做什么我都做"，也属于欺骗行为。相信了这句话的对方会感到被背叛。（此类情形一般出现在分手后再次复合时，然而对方并没有说到做到，最后可能会重蹈覆辙。）

正因如此，说出自己想要的恋爱关系，了解对方要求的恋爱关系并谈妥，这件事情看起来尤其重要。倘若因为太喜欢对方，以至于觉得自己无论如何都要表现出对方喜欢的那种样子，演出判若两人的自己，最后肯定会露馅。坦率才是最重要的。

"我真的很喜欢你，虽然再也见不到你会很难受，但是说实话，我还是没有跟你交往的勇气。"

好久不见的 K 向我们更新了她的恋爱状态。她说她最近暧昧的对象跟她说了这么一句话。朋友们听后一致愤慨道："再也不要见这种卑鄙小人了，对双方的关系都没有把握，也没想过要和你谈恋爱，凭什么浪费你的宝贵时间。"然而 K 持有不同态度。其实对于那个人，虽然 K 喜欢他喜欢得神魂颠倒，但她也没有十足的把握。

他并不是 K 以往谈过恋爱的那种类型的男生，一边说自己不能谈恋爱，同时向 K 热烈地表白。这种矛盾的态度，其实对 K 来说很陌生。"我也喜欢你，说实话跟二十岁时的初恋一样，看见你我会心跳加速。目前能确定的是我们俩互相喜欢，要不就像现在这样继续下去吧。"对于他们俩的关系，K 不急着下定义，打算先缓一缓。因为她知道自己中意的人也喜欢自己，就已经称得上是奇迹了。

于是，他们默认只在想见面且两人刚好都有空的时候约会，从来不会为了对方而特意腾出时间。见面时，两人偶尔也会聊到各自期望的恋爱。因为并不是恋人关系，他们不会把自己的想法强加给对方，只是很自然地把真实的自己表现出来。比如联络的时间、联络的方式、喜欢的美食、想要一起做的事情、表达感情的方式、聊天的方式、敏感的话题、生活的方式等问题，他们的态度不是"我迁就于你"，而是"我是这样的人，你要是不喜欢，虽然我会很伤心，但也没办法"。如此，他们维持着这种感情关系，彼此逐渐建立了信任。

他们自然地保持着适当的距离，有一天，却突然意识到两人之间的感情不仅没有消散，反而逐渐加深了。"我感到良心不安，以后不想去了解别人了。""我也是。"这就是漫长的契约交涉阶段结束的那一刻。

恋爱与契约

简单地说，契约就是甲乙双方协商并约定其各自需要履行的责任与义务。因此签订契约时，意见的一致性比任何事情都更为重要。意见是否一致，会决定该契约是否会以这些内容为约定。所以我们有时会看到因契约相关问题而吵架的场面。比如一方主张"这并不是协商的内容""这不是契约里的内容"，另一方则主张"签订协议时明明说好的问题，为什么现在出尔反尔"，等等。

每个人对恋爱都会有自己的想法，例如有人会认为："谈恋爱的话，需要一起做某些事情"。于是希望把这些事情一一罗列出来，并表示两人会一起做这些事，这才是恋爱。通过契约达成自己的目的，如同上文所述，在签订契约前，首先要确认签约的双方是否能够满足契约中的要求。

倘若是份恋爱契约，最好提前了解对方向往的恋爱关系是怎样的，即可以接受同时与很多人处于恋爱关系，还是倾向于进行两人间的排他型恋爱。毕竟恋爱也是一种人际关系，因此在开启一段恋爱时，也如同签订普通的合同一样，很多事情都需要提前确认。比如，两人是喜欢天天联系、经常见面的亲密型恋爱；还是喜欢百忙之中抽空见面的突发型恋爱；日后有什么样的结婚计划；对亲密行为有什么想法，等等。

除此之外，也有必要确认对方是否具有潜在的暴力倾向，如是否习惯性地侮辱别人，是否有乱砸物件的习惯，是否容易情绪失控等。当然，对方是否喜欢我，我是否喜欢他，明确这两件事是以上所有事情的前提。

然而，如果不管这些问题，只因我喜欢你，你也喜欢我，就想当然地认为彼此的想法是一致的，并立即开始一段恋情的话，如果对方的行为与自己内心预期不符时，就会有一种被背叛的感觉。正因为如此，在正式谈恋爱之前，针对以上条件，至少需要简单地表明各自的立场并进行关系的调整。这个调整过程就是所谓"暧昧阶段"，如果将恋爱比喻成契约的话，暧昧阶段就是契约交涉阶段。

当然，未经契约交涉阶段，突然坠入爱河而开始的恋爱也是存在的。但不能说这种恋爱不是契约。因为大部分的恋爱关系中，都存在着默认型协议（无言的协议），即建立"排他型恋爱关系"。因此，在对方劈腿时，有权利谴责并痛斥对方。

喜欢就一定要交往吗

即使对方喜欢我，我也喜欢他，也不是一定要发展成恋人关系。因为恋爱并不是义务。确认彼此的情感之后，还需要一段时间，来确认彼此能否以恋人的名义向对方坚守信义。况且恋爱是一份很难维持的契约。即便购买一件商品，顾客变心想要无理由退款，也很少有商家能做到无期限可退。然而，在恋爱中，对方的变心可能会成为破坏关系的主要原因，它没有任何时间限定，随时都可能破坏现有的关系。

　　我见过很多朋友，在受到对方热烈的追求时，不管是男是女都会有这种疑问，"我不清楚自己是不是喜欢她／他"。如果在这种情况下就开始谈恋爱，以后便可能会抱怨："真不知道他到底为什么这么做，要是喜欢我，怎么可以这样？"出现这种情况是因为硬要把对方塞进自己期望的恋爱关系里，又或者是因为给对方设置社会传统观念下的条条框框。因此，不清楚自己的感情，且还不了解对方是什么样的人就开启的恋爱，我不是很支持。

　　若是对方喜欢我，我也好像喜欢他，也不是一定要顺从内心，形成恋爱关系。同时跟很多人暧昧或者同时被很多人追求，再斟酌谁更合适的情形也一样。（其实这种恋爱机会分好几次而来是最好的，但很奇怪的是通常会一拥而至。）遇到这种朋友，我会建议她不是一定要去谈恋爱，因此不要在"一定要在其中选择某个人"的前提下将这些人做比较，而是需要以"是否涌起想与他谈恋爱的想法"为基准做出判断。

　　这就如同听到别人的提问，但没有必要也没有义务一定要做出回答一样。被别人要求做什么的时候，也不一定要应和。同样，也没有义务必须接受追求者的表白。不管你收到多少礼物，或经常被请客、吃饭、喝酒，或一起度过美好的时光，都没有义务一定要接受对方的恋爱邀请。相反，在一起吃饭、交换礼物等相处的这段时间里，双方为了形成某种关系是否积累了一定的信赖之情，是否为了开启恋爱而进行一定的摸索，才是更为重要的。恋爱就像是一种契约，即双方处于同等地位，承诺建立某种特定的关系。因此，任何人都没有"非签不可的义务"。

有关契约，存在"契约自由原则"。契约自由原则大致分为以下三种：签署的自由，决定内容的自由以及方式的自由。其中"签署的自由"意味着当事人愿意签署什么样的契约、与谁签约等问题，不在外界因素的强迫下进行，而是凭自己随心而至。

契约由两部分组成，包括建议签署契约的"提案"以及表示认可此提案的"接受"。因此，契约的自由包含提案的自由与接受的自由，当然，也包含拒绝提案的自由。若想赋予签署契约的义务，则另需签署赋予此义务的契约。

（出于此类观点，存在一种视角，社会义务就是社会契约下发生的义务，因此，社会契约就是一种先行契约。）正如，即使逛街时仔仔细细观察了某件商品，也没有必须购买的义务，因此，在建立恋爱关系的问题上，我们应该更自由，更积极。

《民法》中有一则抽象性规范，即"诚实信用原则"，原则是：要求人们在不损害他人利益和社会公益的前提下，追求自己的利益。简单来说，签订契约的两个人不得做出违背对方信义的行为。这一原则在恋爱关系中显得尤为重要，因为恋爱就是一种特殊的契约。

分手之后我们是绝对回不到过去那段还没有谈恋爱的时光。在一起的回忆，约会时支出的费用与时间，与朋友们分享的故事，任何事情都已覆水难收。从这一点来看，恋爱是一种特殊的契约，此契约可以终止，但是不能解除。（"终止契约"是指从结束契约的瞬间起，契约关系就此失效，因此也意味着直到结束契约之前，其关系是有效的，"解除契约"是指完全否定契约本身，从契约开始到现在的所有事情需追溯并恢复原状。）正因如此，开始一段恋情之前，需要弄清楚一些问题，比如对方是否会说一些琐碎的谎话，是否是容易移情别恋的类型，是否会珍惜与我的关系并愿意一起努力等。若对方是不以为意地对待与他人的约定的人，会很难维持恋爱关系。

尽管顷刻之间陷入了爱情，但恋爱是完全不同的概念。倘若爱情可以克服所有的曲折坎坷，那该多么的美好，当然，这是不可能的。每个人都有各自的生活习惯和表达感情的方式，且人生中可以用来恋爱的精力值每个人也有所不同。因此，即便不能提前了解所有，但是至少应该努力去了解对方，并且在确定关系之前需要一定时间去考虑，这就是所谓的"暧昧"阶段。

能说出"我很喜欢你，但是还不能确定与你的关系"的人，不妨说他们有一种能力，即虽然喜欢着对方，但是可以把这份感情稍微搁置一边，先去考虑是否能与对方形成健康的恋爱关系。

我的爱好是"牵红线"

　　不管是恋人的朋友、朋友的朋友，或者在某种聚会中认识的新朋友，若对方在聊天时隐约地表现出想谈恋爱的意愿，我就会不由自主地问道："要不要相亲？"（是的，我的爱好是"牵红线"。但是最近成功率有点低，变得比较消沉。）当然，询问对方是否正在谈恋爱，对某些人来说可能会觉得很失礼。所以我很知趣地只对透露出想谈恋爱的那些人打听。

　　恋爱也需要努力，也不能保证每天都很开心，尽管如此，我认为生活中最有趣的事情就是谈恋爱。所以遇到想谈恋爱的人，无论如何都想让他如愿以偿。若我正在谈（顺利的）恋爱，帮助他人相亲时，我就有一种"希望你也开心"的期待；若我处于单身的状态，则抱着"至少你能开心"的想法。因此，身边的朋友如果没有在谈恋爱并表示正在寻求恋爱对象，我的眼睛就会突然变得炯炯有神。"是想谈恋爱的人！我一定要给他介绍对象！"我就开始心潮澎湃。

安排的一些相亲，有时会邀请我做后续服务，使我备受折磨。这是费了不少功夫安排了相亲，然而过程却并不顺利的情况。毕竟恋爱是当事人之间的事情，即便牵线人觉得他与她很合适，如果当事人并没有明确表明自己的要求，则很难找到刚好合适的对象。遇到这样的情况，我就会抱着"哎呀，不管了"的心态，把目前想谈恋爱的人以先来后到的顺序牵线，反而偶尔会出人意料地瞎猫碰上死耗子（牵线成功）。

在安排相亲的时候，我有自己雷打不动的规矩，即相亲的双方应该是明确地表示我想谈恋爱，爱情观比较明确，并已做好寻找对象心理准备的人。"如果目前坐在对面的对象还可以，我就打算谈谈看"，相亲至少应该是拥有此类想法的人之间的相遇。因此，对于不想谈恋爱的人，没有做好心理准备的人以及纠结到底要不要谈恋爱的人，我不是很建议相亲。

正如"我想跟一见钟情的人谈恋爱"，对于这些朋友，我建议他们一次不落地参加朋友们的聚会，而不是去相亲；"要是一个不熟的人说喜欢我，我就会先起疑心"，对于这类朋友,我建议重新见一下之前相处过的人,如暧昧的对象,或有点好感的人,又或者前任等。

其实美学理论中有一个"审美态度论"。它是指美丽并不是客观特性,而是根据观赏人的态度而变化的。关于美丽的争论当中,虽然这个观点只是被整理成为以前的一种学说,但是对恋爱对象而言,我觉得有其妥当的一面。大体上人们平时只以"人"的形象做出行动,很多情况都不会散发出魅力,我们自己平时也没有把周边人物当成恋爱的对象,因此也有可能没有感觉到某人的魅力。就如拥有我所喜欢的特征的人,或跟我很合得来的人,他们是否会被我看作恋爱对象,可能会源于我对对方的态度。故请敞开心扉,也环顾一下四周吧。

暧昧后分手也有相应的责任

·契约交涉中不正当的中途撤销·

"您为什么不谈恋爱？"

有人问我恋爱状况的时候如果我回答"单身"，很自然地，这个问题就会紧接着出现。若都是单身的两个人属于同一个团体，就总会有人不管当事人的意愿，便开始撮合他们交往，这种情况会使当事人倍觉压力，而且如果男女之间稍微有点交情，就会被误认为是暧昧的关系。真不是无缘无故地说现在是"劝恋爱社会"，虽然我也在写关于恋爱的故事，但是，不谈恋爱也是可以的，恋爱并不是义务。恋爱是份契约，是否签订契约完全是个人自由。

表白的自由，拒绝的自由

若某件事属于我的自由，就说明在允许的范围内，我做这件事的权力以及拒绝这件事的权力，将同时被保障。举个例子，A 为了做生意已经从银行贷了款，然而目前需要更多的资金。很难再从银行追加贷款的 A，找挚友 B 借启动资金。在 A 看来，这项事业的前景很好，他确信自己在与 B 约定的时间之内肯定能还清欠款，若 B 希望的话还可以把利息加上。

那朋友 B 的立场是怎样的呢？

B 可以把自己的闲钱借给 A，并协商收取一定的利息。当然，就算 B 有闲钱，也可以拒绝 A 的请求。或者 B 即便没有闲钱，但也愿意从银行等地方筹到贷款并借给 A；又或者以没有钱为由，B 可以拒绝 A 的请求。

接受或者拒绝 A 的请求都属于 B 的自由。虽然请求被拒绝，A 会感到失落，但他也不能向 B 施加暴力或抢走 B 的资金。如果 B 把资金借给 A，则表示双方订立了相应的契约。根据这份契约，A 需要履行在指定期间内还款的义务。

就像喜欢上某人时你有表白的自由，同样，对方也有拒绝或者接受此表白的自由。对于是否形成恋爱关系，表白的人与被表白的人，双方都有同等的自由。若对于这种平等和自由置之不理，比如有人觉得一旦和对方表白对方就必须要和自己谈恋爱一样，这种将对方拒绝的自由视而不见的求爱，已经不再是追求了，而是一种暴力。

暧昧与恋爱的界限在哪里？

确定恋爱关系的唯一因素是什么？是确认了对彼此之间的好感就可以变成恋爱关系吗？虽然确认好感是开始恋爱之前必经的阶段，但是喜欢也并不能马上开始恋爱，比如工作很忙，没有多余的精力和时间去谈一场恋爱；家人生了大病，需要去照顾；目前有恋人，需要先整理这段感情；正要出国，且没有回国的打算；现处于彼此不能联系的处境，等等。各种各样的理由都能导致无法形成恋爱关系。

电视剧《恋爱的发现》中有尹松（金瑟祺饰）供崔银圭（具元饰）读书，结果被甩的情节。崔银圭准备入职考试并成功在大企业就职的这两年，他俩每个周末都一起度过，因此尹松认为自己和崔银圭是在"谈恋爱"。然而，尹松提议去江原道旅游并送给崔银圭一条豹纹内裤时，崔银圭说道："我们只是朋友，仅此而已。"尹松备受打击，挡在正要离开的崔银圭面前，追问道："在你找到工作之前，我们每个周末都在一起喝咖啡、去图书馆、看电影、吃饭、喝酒，这些难道不是约会吗？我们这两年来，一到春天就去野餐，在你找到工作时也是最先打电话给我的，你买车、找房子的时候，我也都陪着你，可你却说我们没在交往？"然而，崔银圭回了一句："我们没上床啊。"

就像剧中的崔银圭一样，有些人也有可能把"发生关系"视为恋爱的标志。他们认为以亲密行为为基准，可以确定两人是否是恋人。如"牵手了就是恋人""接吻了就是恋人"，甚至"发生了关系就是恋人"等，以亲密行为阶段为基准去定义双方是否是恋人关系。然而，也存在一部分人，明明牵着手，偶尔接个吻，甚至经常一起共度良宵，彼此却否认这是恋人关系。

倘若发生性关系才算是谈恋爱的证据，那"一夜情"，我们是否就该定义为"当天谈恋爱当天分手的恋爱关系"；婚后发生关系主义者，在婚前都不算处于恋爱关系等等，我们会得出一些与上述类似的荒谬的结论。

因此，目前社会中到处都发生着这类争论，如到底暧昧和恋爱的差别在哪，其界限在哪等。各种文章和电视节目里，甚至在歌词里，也都在谈论暧昧。虽然每个人对暧昧的标准可能会有所不同，但是暧昧关系像是在描述那些没有表白、只有爱情行为的关系。

从这点考虑，恋爱关系的核心内容应该是确定双方在交往。确定交往开始，彼此对对方产生责任与义务。交往前的阶段我们称为"暧昧"，此阶段不同于交往，因此它不会产生责任与义务。

由于暧昧时彼此之间不存在责任和义务，只有好感与魅力处在第一位，所以即便发生很多伤心的事情，也不怎么会给对方施加压力。比如，关于对方在没有跟自己约会的周五晚上到底跟谁在一起等问题，有的人会觉得无论多好奇也不能问对方，从而会战战兢兢；有的人则有"算了，我们又不是什么特殊的关系，没必要好奇"这种自我安慰的想法。同时，也可以不告诉对方自己在干什么，且不用看对方的脸色，自由地度过周五晚上。暧昧关系之间没有责任，没有义务，即意味着不是排他型恋爱关系。然而真的不存在任何责任和义务吗？其实，暧昧关系也分为很多阶段。

从只是见面的关系，到不再见面的关系

"他……不怎么联系我，我也就没有联系他，我们就这样在不知不觉中结束了。"

到底有没有在跟他谈恋爱，Y这样回答了我的问题。直到一个月前，他们明明还在没日没夜地聊天，每周末都见面约会，甚至在没有提前约好的平日里，只要彼此都有空，他们都随性地见面并共度良宵。每时每刻都会感觉到心动，这种感觉使她觉得很刺激。但是，不知从何时起，他的回复从秒回变成半天不回，再变成两天不回。回复消息时也只是说"一会儿再联系你"，之后，不再联系她的日子逐渐变多。自尊心受挫的Y，在这段时间内偶尔也约见别的男性。也许，他也是一样。那么，这段关系到底有没有结束，Y表示不清楚。

"好歹也见了几个月，就这样结束没关系吗，要是哪

天他突然出现，谴责你劈腿怎么办？"

"我们没说交往啊。不然他也不能以这种方式断绝联系。"

Y露出调皮的笑容，喝了一口红酒。就在那时，她的手机响了，是那个人。在那之后，Y偶尔与他见面，当然，好像也不断地见新欢。Y表示，他们所有人都不算是恋人。但可以明确的是，她的那些对象，都不知道其他人的存在。

暧昧关系，没有正式的开始过，因此也很难结束。暧昧后分手，也不好明目张胆地去伤心。明明就不是恋爱关系，所以也难以说成是"分手"。逐渐地不经常联系，心灵慢慢受到创伤，关系也就此渐渐疏远了，于是，他们就从"只是见面的关系"变成"不再见面的关系"。有缘的话，也许会再次相见，但一般来说，暧昧会在什么征兆都没有的情况下就此终结。

暧昧关系可以随意地结束吗

"我为什么每次都是暧昧一段时间就结束了呢？谈恋爱怎么这么难。"

朋友 C 诉苦道。与享受暧昧的 Y 不同，C 想要的不是暧昧关系，而是稳定的恋爱关系。但遗憾的是，C 遇见的那些人，要么就是在平时约会时总给人一种马上就要确认关系的感觉，然而却在关键时刻断绝联系；要么就是明明已经做了恋人之间才能做的事情，比如各种亲热或者一起去旅游，之后却告诉她还是差点感觉，说自己不喜欢恋爱，这种认真的关系会带给他们压力，因此每次都是暧昧后一段时间就宣布关系终结。倘若暧昧关系不用承担任何责任或义务，那关系结束时受到的伤害，单纯只是因为自己不够洒脱吗？真的可以随意且随时结束掉暧昧的关系吗？

《合同法》中，即使最后没有签署合同，若像订立合同一样进行了协商，对方理所应当地会产生期待，然而其中一方单方面破坏了彼此的信赖，则也会让毁约这一方承担损害赔偿责任。毕竟双方已经以签署合同为目的进行了协商，在过程中互换的资料量越来越多，交涉的程度越来越深，则能订立合同的期待也已经随之越来越高了。

以下为法院认定承担损失赔偿责任的案例。

某协会打算在他们的建筑里放置一座雕塑，因此委托五位雕塑家制作样品，并表示会选其中一位签订雕塑的制作、供货以及安置合同。协会在雕塑家们提供的样品中选定了入选作品，并通知其作者，然而在之后将近三年的时间，都没有跟该作者签订正式的合同，反而通报取消放置此雕塑。原来协会早已委托另一位雕塑家制作并放置了雕塑。被通知已当选的时候，雕塑家肯定以为合同将会订立。然而协会以内部事项为由，擅自与另一位雕塑家签约，明显违背了"契约自由原则"，可以认定为违法行为。此协会应当承担损害赔偿责任。

　　暧昧关系也是如此，从一开始通过社交网络偶尔交谈，变成彼此有空的时候见面约会，再发展成允许部分肢体接触的关系，我就会在不知不觉间产生一丝期待。但其实在来往的过程中，只有我一个人是抱着恋爱的心态与对方交往的。在这个过程中，对方经常联系我，向我表白，且表现出明显的占有欲（类似上述案例中将一位作者的作品选定为入选作品并发起通知），给人一种两人即将要交往的感觉，然而却忽然通知我他在与别人交往，或者突然失去联系，之后打听到对方目前已有了恋人（已经与其他作者签约）。那么在这种情况下，这个人真的不用承担任何责任吗？当然，人心确实可能会说变就变，但是，也要看是哪种"暧昧"。

如果在一段时间里，两人如同恋人般相处，互诉衷肠，建立了一定的关系，且与普通的恋人一样建立了信赖之情，那么，交往之后应该承担的那些义务与责任，不能只因没有说出一句"交往吧"而逃避。这在恋爱关系里也属于超出自由范围的事情。

即使是暧昧关系，根据彼此间相处的时间以及感情的深度，肯定也存在应遵守的礼节或责任等。有时候就算不交往也需要对彼此的关系负责。至少应该确定是否要继续加深关系，或只是在这种程度上享受当下等，对对方表达的感情以及给对方传达的信号，我们应该持有负责的态度。如果没有自信，最好约定"就这样模棱两可地相处"。这就像一条防御线一样，就算一方想跨越某条界线时，也不会有期待对方成为恋人的想法。

所有的自由都有相应的责任。暧昧后结束关系也有其
责任。

　　当"搞暧昧"开始被认为是恋爱之前必经的阶段后，也会出现一些向对方表白过"我喜欢你"，却未必交往的情况。就像明明你和我是互相喜欢的关系，但又不是在交往，是这种模棱两可且很奇怪的状态。两人会像恋人一样天天互发短信、打电话、约会，也会有一定程度的亲密行为，但就不是恋人的那种关系。所以，明确说出一句"我们交往吧"，进行恋爱天数的记录，或者与恋人过纪念日之类的，这种确定关系的表达显得尤为重要。

　　因此，另一方面，也出现了一些在彼此确认喜欢之前，建立一种提前表示出交往意向的"契约恋爱"形式的关系。对此网上也有一些文章，以条例的形式提示这种"契约恋爱"需要协商哪些问题。例如：恋爱时间是何时至何时；每月允许几次亲密行为；每周约会几次；用什么样的昵称；终止契约的条件。然而，恋爱的核心在于彼此的信赖以及感情。像"契约恋爱"，这种只表现出恋爱表面的形式，我并不想称之为恋爱。

确认对方目前的恋爱状态

· 阅览登记证书 ·

"恋爱前有哪些必须要做的事情?"

"网络搜索、征信调查(reference check)。"H 说道。

她的回答非常坚决,让我笑出了声。不过仔细想想,确实是这样的。在购买房屋或搬家时,作为买主或承租人的我们通常会确认房产证副本。也就是说,要提前确认自己即将签约的房子没有抵押权等担保,抑或即使目前没有有效的抵押权,但存在在同一人持有房屋产权期间,多次设定抵押权再注销导致信息混乱等。因为,如果房地产有抵押权登记,以后出售方/出租方无法偿还贷款时,被设定抵押权的房地产就有可能被拍卖。

对恋爱对象进行征信查询,为了便于理解这一点,我们可以将它等同于购房时查询登记证书。从明知有危险的情况下还签订契约的这点来看，能够容忍并入住有抵押权的房子，与已有恋人的人交往没什么两样。

恋爱世界中的登记证书

"最近不都是先在网络上查看对方的头像，再去查看照片，翻一翻个人主页，用网络搜索一下，之后再见面吗？谁会只因为一个人颜值高、性格不错就去和他见面啊？上次有人跟我说自己在客户那里认识了一个很不错的人，想介绍给我，所以我就要了他的姓名和联系方式。然后我通过网络搜索发现他离了两次婚，社交软件里还有与其他女性的照片。你说这种人还能见吗？虽然他长得还挺帅，但要是只看颜值去见了面，不就出了大事嘛。"

最近不通过房地产中介直接进行房屋交易的情况越来越多，别的先不说，可千万不能连房子的登记证书都不查看就直接进行交易。真的，绝对不行。（因为出售方 / 出租方有可能是负债累累的人）而抵押权人对拍卖房屋所得到的钱具有优先权。（当然，以租赁合同为例，对于部分保证金，承租人能够得到比任何人都优先的保障，但这也要在租赁合同约定生效时间之后才能够实现。）因此，无论是买卖还是租赁，在签订房屋契约时都必须要确认房屋没有抵押权。另外，还有一个重要因素，就是房子目前是否有承租人。因为承租人可能无法立即搬家。

同样，就像查阅登记证书一样，在恋爱世界中也必须要确认对方目前的恋爱状态。结婚与否的问题，只要在民政局就能查询到，但需要携带合法身份证件或授权委托书，因此暂且不论。其余的问题可以通过各种各样的方法进行了解，如直接询问；确认左手无名指是否戴有戒指；询问对方周围的人；浏览对方的社交账号；来电话时仔细观察手机屏幕上显示的来电名称等。说实话，其中最简单的方法就是直接询问，但是草率地询问，对方很有可能不会如实回答，因此我更推荐使用浏览对方社交账号的方法。

不能喜欢有恋人的人吗

我认为恋人关系就是在自己的生活和心中能够给对方腾出空间的那种关系，就是说和他一起度过大部分的日常生活，给他提供休息、玩乐、哭闹、得到安慰的空间。但是，由于不能完全拥有他，我想我们应该不是他的所有权人，而是承租人或抵押权人。

当喜欢上一个人或对他有好感时，我们会想了解对方是否已有恋人。倘若对方有恋人的话，有必要去确认此关系有多牢固。如果对方戴着情侣戒指或经常在社交网络中发布与恋人有关的信息，习惯高调秀恩爱的话，我们也许会感到负担。因为对那个人的感情最终会演变成对他恋人的宣战，他们的关系越广为人知，即使哪一天他变成我的恋人，我也不得不考虑社会的谴责。如果无法变成恋人，则是我内心的痛苦。

当然，关于对有恋人的人虎视眈眈的问题，最近很多人也有了不一样的观点，他们认为是劈腿的人与其恋人的问题，别人凭什么说三道四。虽然在"有恋人，但仍与他人坠入爱河"这种事上，人们变得比以前宽宏大量了。但是我并不推荐大家跟有恋人的人交往，在对方有恋人的情况下还去跟他谈恋爱。

"对不起，但是我并没和你说过我要和女朋友分手啊，这点你不是也知道吗？"

对已经心力交瘁的 G，他以很深情的语气说出了这样的冷言冷语。G 很喜欢在他身边的感觉，因此说道："能不能多喜欢我一点？"这就是此关系的开端。他很享受与盲目喜欢着自己的 G 相处的时间。感觉到异常的恋人，每天晚上来找他，他在安抚恋人的同时，也在 G 身上花费了相当长的时间，但也是仅此而已。他喜欢 G，却没有与现任分手、与 G 交往的想法。与 G 的关系反而起到调节他的恋爱关系的作用，让他与约定结婚的恋人之间的关系维持得更加顺利。有一天，他单方面向 G 宣布关系的终结，"我实在觉得对不起她，不能再这样了"。G 当时什么话都说不出口。他又说了一句，"说实话我们也没有交往啊，只是玩玩而已嘛"。对他来说，他俩的关系连暧昧都不算。过了一段时间后，G 说道："虽然不后悔，但确实很受伤。"

对有恋人的一方来说，除了在道德层面受到良心的谴责，以及对现任感到愧疚之外，几乎不会有其他损失（良心的谴责与愧疚感对他来说已经算是很大的损失了）。因此他没有理由拒绝那些明明知道他有恋人的情况下还自愿当"备胎"或"第三者"的人。只要不被拆穿，重新回到恋人身边也没有任何问题，也就是说他有后路。与这样的人发展恋爱关系，只能说，先迈出那一步的人才吃亏。

有恋人的人，只要不是想跟现任分手，他就没有理由着急，只要接受对方给予自己的爱就可以了，因此自然而然地形成"推拉"关系。明知对方有恋人还闯进去的人，反倒会因为对方的悠闲而感到着急。已经容忍自己在对方心目中排第二的人，就不能向对方提出任何要求。这种关系，不仅在感情层面上是不平等的，而且会给承担风险的人留下很大的心灵创伤。倘若有恋人的一方，明明没有与现任分手的想法，还与他人形成恋爱关系，则此关系并不是恋爱，不过是感情上的剥削而已。

因此，如果我是你的恋爱律师，我会先问你是否已确认清楚对方的恋爱状态。就像要收购房地产的时候，应查看该房屋的房屋所有权证，确认没有抵押权登记一样。

与已婚者外遇的情况，虽然《刑法》上没有通奸罪，但也有可能会被要求赔偿对方配偶的精神损失费。韩国的《诉讼法》规定，配偶可以向通奸者（私通的对方）要求损害赔偿。关于提出损害赔偿这一点，即使外遇当事者的配偶在不离婚的情况下也是可以提出的①。你所爱的那个已婚的人，有可能早已把你明知他已婚仍与他交往的证据提供给自己的配偶，并得到原谅。因此我偶尔开玩笑说："甘受5000万韩元（通奸者需要赔偿的精神损失费用不等，从几百万到几千万韩元都有）的赔偿以及社会上的谴责，如果不是这种程度的爱情，就千万不要去招惹已婚者。"

如果刚开始不知道对方已婚的事实，后来知道了就得马上分手。我一般建议，不要抱有对方会回到你身边的这种虚无缥缈的希望，也不要相信对方的一句"我马上会离婚的，再稍等我一会儿"。离婚不是一件容易的事情。结

① 中国法律仅支持以离婚为前提。

婚受法律的保护，如果对方配偶不同意离婚，进行诉讼的话会是一场漫长争斗。需要忍受这么长时间的艰辛，这种恋爱我想在任何情况下人们都是不愿意选择的，同时也是违背社会道德的。

我们开始交往吧

·观念的一致性及制定契约的必要性·

刚开始学法律的时候，还是年轻学生的我们常常会为了签订契约而表白（或意味着开启一段关系的表态）的性质是什么，表白是类似于"形成之诉"还是类似于"确认之诉"展开激烈的讨论。

"形成之诉"是指请求宣布民事关系变更判决的诉讼。离婚诉讼可以说是典型的形成之诉。如果不能达成协议离婚，夫妻中希望离婚的一方当事人将向法院提交离婚诉状。法院收到诉状后进行审判，若存在法律规定的离婚事由，将判决两人离婚。"确认之诉"是指请求确认是否存在有争议的权力或法律关系的诉讼。如请求确认该物品的所有权是否属于我的"所有权确认"的诉讼；请求债权人所主张的债务不在我身上的"债务不存在确认"诉讼等，都属于此范畴。

如果将此比作一份恋爱契约，那么"我们交往吧"这一表白，可解释为从表白被接受的瞬间就开启了一段恋爱，则更接近于"形成之诉"；解释为关系暧昧，实际上只是确认恋爱状态的话，则更接近于"确认之诉"。不过现在回想起来，从需要通过法院这个第三方来看，这场论争多多少少有些不足。虽然目前我的律师从业经验还比较浅薄，但是现在，我认为表白更像一份契约书，而不是形成之诉或确认之诉。毕竟诉讼需要法院这个第三方参与进来并进行判决，但恋爱完全就是两个人之间的事情。

宣告恋爱开始的一句话

"说实话，我现在没空谈恋爱。"

在昏暗的灯光下，对只盯着酒杯且说不出任何表白之词的M，他这样说道。M觉得自己还没有表白，不能就这么失恋了，因此鼓起勇气抓住了他的手。这样开始的关系持续到第二天、第二周、第二个月……但是两人之间没有明确地表明他们是恋人，对外也没有公布。只是在二人世界里继续玩爱情游戏而已。很长一段时间 M 感到非常痛苦，因为一直无法确定自己与他的关系，怕自己会不会只是他的性伴侣或约会对象。"要不你问问他你俩到底是什么关系？"包括我在内的朋友们的建议对她没有起到任何作用。

"这并不是一件容易的事。"M 害怕问出他们是不是恋人的那一刹那，两个人的关系会就此结束。M 不想放弃这段感情，因为他给予 M 深情的眼神、温暖的拥抱和充满爱意的倾听实在是太甜蜜了。

直至爱情消逝的那一天，M 才问他："到现在为止，你把我当成你的什么人——恋人，还是计算着日子、约会之后分手的人，还是性伴侣？"电话那头传来了苦笑声。"当然是恋人啊，你到底在说什么啊。"很讽刺的是，直到分手的那一刻，他们才确定了恋人关系。想到过去那些由于关系的不确定而痛苦的日子，M 感到无比悲伤。同样，当听到 M 一直对彼此的关系抱有不确定性且独自一人在痛苦中挣扎时，他也许会对因并不存在的事情遭受了指责而感到苦涩吧。

相似的是，在电影《和莎莫的 500 天》（*500 Days Of*

Summer，2009）中，莎莫（佐伊 · 丹斯切尔饰）对汤姆（约瑟夫 · 高登－莱维特饰）说："我不想要很认真的关系。"然而汤姆想明确他们的恋人关系，因此不断地问莎莫"我们到底是什么关系"，莎莫表示喜欢汤姆的同时，在他们究竟是什么关系的问题上一直推脱，不明确回答，只表示"我们是朋友"。尽管如此，汤姆还是向莎莫倾注恋人的情感。那么，他们到底是谈了恋爱呢，还是没有呢？

很多人仅仅会因为没有听到一句"我们交往吧"而战战兢兢，且对关系的稳固程度感到不安。我也曾因为这种事而感到提心吊胆。另外，似乎还有的人会以没有说出"我们交往吧"这句话为借口，不再认真对待感情，与对方保持一定距离，尽情享受自由。模糊的关系，有时会带来刺激或戏剧性的情绪起伏，但也带来了同等的不安。选择是自由的，然而如果模糊不清带来的快感无法抵消不安的情绪，那么与其等待，还不如先鼓起勇气，向对方表达"我们交往吧"。

没有契约书的契约

　　民事诉讼应当由请求法院审判的原告通过证据来证明自己的主张是妥当的。如果没有契约书，只通过口头约定，若以后发生对方抵赖的情况，再怎么"天知地知，你知我知"，最终还是需要主张约定的一方一五一十地进行证明。倘若是为了赎回资金而提起的诉讼，应由提起诉讼的一方证明其提供资金的目的，即是借给了对方，送给了对方，还是进行了投资，又或者是为了购买商品而进行了预付款等。

　　即使提供资金时存在明确的缘由，但没有契约书，在赎回资金时仍会比较麻烦。如果对方不承认我方提供资金的目的，则诉讼会变得艰难且漫长。想要赎回资金的人需要证明自己为何给对方提供资金，然而一旦没有证据或者对方强辩是另有原因，则会让人感觉很郁闷，这时候最为确凿的证据就是契约书。一旦存在契约书且上面明确标示着当事人的签名以及盖章，则法院通常认为双方就契约书上的内容达成协议（因此，最为重要的是应根据符合契约的实质性内容来制订契约书。若只相信对方一句"只是做做样子而已"，就在契约书上盖章，以后十有八九是会吃亏的）。若想坚持主张，记载与事实不相符的内容，应需要确凿的证据来证明这一事实。

恋爱也是如此。"说实话，我们不是交往的关系啊"，如果对方这么说会怎样？有可能主张交往的一方会变得无比的悲惨，主张没有交往的一方，反而更加理直气壮。在这种情况下，主张交往的一方会觉得另一方卑鄙无耻、冷酷无情，疑惑自己为什么会喜欢上这种人，自尊心也会受到伤害。没有表达"我们交往吧"这种所谓开启恋爱关系的意向而开始的一系列的关系，看似是在恋爱又没有确凿的证据表明已进入了恋爱关系，从这一点来看，就类似于"没有契约书的契约"（当然，口头契约也是契约。但是口头契约在审判过程中很难证明其契约内容）。

当然，也不能每次都像签合同一样在纸质契约书上签名再去谈恋爱。但是，如果双方都确认彼此之间的关系，且周围的人也都知道并认可两人是恋人关系，那么这将成为此关系的充分证据，也是万一关系破裂时，能保护自己的方法之一。

　　我虽然喜欢姿势端正的人，但是比起运动健身练就的挺拔腰背，更喜欢长时间学习读书导致微微的驼背和乌龟颈；比起天真烂漫、和蔼可亲、平易近人的人，我更喜欢多少有些敏感，且习惯眼睛向下看的那种沉思而真挚的人。喜欢按照自己的方式构建好自己世界的人，也喜欢跟他一起了解并探索他所关心的问题。通常来说，我喜欢的人都有着类似的外表。他们虽然外表相似，但并不代表内心世界也相同。

　　我是会对喜欢的人产生好奇心的性格，因此朋友或者恋人就是我主要关心的对象，他们关心的事情便是我关心的事情。开启新的关系时，我会逐一去了解他的世界、性格、爱好等，这种过程令我怦然心动。我会因为从沉默寡言的人身上发现只有我知道的表情，从而加深了我对他的理解而感到自豪。若是我不需要解释就能理解对方突然说出来的一句没有主语的语句，或者分担他的苦恼，我也觉得很幸福。同样，在我拐弯抹角的表述中，若对方能理解其字里行间的含义；若他能明白我最近都在想些什么；或在我极其抑郁时，他恰逢其时地打来了电话，看到屏幕上他的脸时，"啊，这才是恋爱嘛！"我就会有这种安全感和满足感。

恋爱是像朋友一样亲密甚至比友情更加亲密的关系。谈恋爱时，我能感觉自己的世界在扩张，我很喜欢这种感觉，就像我们通过小说或各种媒介间接地体验人生万事一样，有一种通过恋爱去间接体验世界的感觉。我很好奇只有恋爱后才能遇见的那些新面孔，也很期待这些新面孔给我展现的新世界。

第二章

恋爱的开始与消亡

如果恋爱也有甲乙双方关系

·契约自由原则与其界限·

一旦开始恋爱，彼此之间就会产生一些期待，为了让对方开心，我们会努力去迎合对方的期待。在日常这一抽象的空间里，出现了能手牵手传递温暖的人，这让人感到幸福。微微的负担带来的全新的紧张感有时会变成生活中的原动力，对方呈现给我的细微的反应有时会给我带来感情上的波动，打破我曾经自我封闭的状态。虽然恋人不是家人，但他是会站在我这边支持我的人。在恋人这项关系上，我们是仅且只属于对方的。这种关系产生的满足感也随之而来。

我们有时明知道会受到伤害却仍投身于恋爱，甚至觉得对方给我们的创伤有时会让人很甜蜜，从而选择忍耐。毫无疑问，这种伤痛会让我们成长。人与人之间的事情总是无法保证完全顺利的，因此我们也知道在分手面前，自己会受伤、痛苦。在恋爱中的很多时候，我都在为会不会受到无谓的伤害、会不会重蹈覆辙而苦恼。

恋爱也好，契约也罢，有时会形成不平等的关系。律师的工作大体上就是需要去消除日后可能会发生法律纠纷的隐患。因此，虽然能理解委托人的动机，但是我还是会提前告知这件事可能会产生的风险。那些明知有危险却仍要签订契约的委托人，确实很令人头大。不过，与其在不知情的情况下遭遇危险，这种已经提前认知了发生危险的可能性并做出甘愿承受此危险的决定，既能很好地应对危险，也有可能会进行提前预防，从而减小危险发生的概率。从这点来看，我的这种指点并非毫无意义。

如果彼此都认可对方是平等的人格主体

几年前，昭宥和郑基高一起演唱的名为 Some 的歌曲空前火爆。歌词中写道："像是属于我却又不属于我的你，像是属于你又不属于你的我。"有种恋爱是"彼此成为对方的人（所有物）"，而暧昧就是其前一阶段的感觉。很多人也对此歌词产生了共鸣，就像所有权人有权控制、利用、改变、处置所有物一样，可能隐隐约约地认为如果成为恋人关系，对其恋人也可以拥有这种权利。

然而仅以交往为由，就想要控制恋人的这种态度，在现实中会引发很多问题。因为人们有可能会认为，恋人一方向拒绝接受的另一方施加的粗暴言辞以及暴力行为似乎是寻常的事情。

我曾经也认为恋爱关系是属于"相互排他型关系"这一范畴的，是两个人都拥有着对方的关系。但我更倾向于认为它与物权（对物质的权利）相似，而不是债权（可以要求某种行为的权利）。

我喜欢恋人之间通常会说的"我是你的""你是我的"这类甜言蜜语。我的恋人只允许爱我一个人，且爱他的人也只应有我一个人。第三者对我们两个人的过分关注或介入，我认为都是应被排斥且防备的。

但是，人并不是物品，所以我无法控制恋人的自由意志，对方也无法控制我的。我们两个人的相爱只是来源于我们内心的感情，而不是出于恋人关系本身而产生的。与他的关系是通过双方对彼此的关怀、理解以及协调而产生的相互作用。所以，分手也是其相互作用的结果，而不是像扔东西一样的"抛弃"或"被抛弃"这种单方面的行为。

恋爱也应成立契约的想法就是我在学习《合同法》的时候萌生的。在学习的过程中，为了更容易地理解法理，经常将此比喻成恋爱。但我突然意识到所谓"我的"和"你的"这种恋爱关系和被比喻成契约的恋爱关系根本不一样。在所谓"我的"和"你的"这种恋爱关系中，准新郎通常会对未来的丈人说："请把您的女儿交给我吧。"就像想要把某件物品变成自己的东西，应跟物主签订契约一样，这是由将女儿看作是父母尤其是一家之主——父亲的所有物的文化所致。如果是这样，准新郎的签约乙方应该不是准新娘，而是丈人。在这种关系中的恋爱并不是两个人之间的契约，因为谈恋爱的两个人中的其中一人并不是本契约的当事人。

契约就是甲乙双方协商并约定各自履行特定的责任与义务（并不一定要写在纸上才算是契约。契约书只不过是双方签订了契约这一事实的证据而已）。我只是跟恋人约定交往，并不是跟拥有他的某个人约定。

当恋爱变成契约的那一刻，我就应该停止称呼对方为"我的"（虽然清楚这只是一种比喻，但我再也不会这么称呼了）。这也是为了尊重我所爱的对方。就这样，我开始认定"恋爱是份契约"，不是"你的和我的"这种关系，而应该是"你和我"之间的契约。

我只不过是他的玩偶

"你不需要做什么，我都会看着办的。"

A的恋人就像电视剧中出现的"霸道总裁男友"一样，是那种常常说出甜言蜜语的人。约会的路线总是安排得很完美，每当A和朋友们聚会后要回家的时候，不管有多晚，他都会突然出现在聚会场所，然后把她送回家。他总是很宠溺地看着A，当A感到生活疲惫不堪而向他诉苦时，他会很可靠地安慰A："不要担心，总会过去的。"他就是这样一个沉稳又成熟的人。但是不到一年时间，A就和他分手了。我们都很好奇A为什么会与这般"完美的恋人"分手。

"仔细想想,我只不过是他的玩偶。"A 苦笑道。

刚开始,A 很喜欢被他宠着、保护着的感觉。但是想给心爱的他提供一点点帮助,提供他能依靠的肩膀时,就出现了问题。A 能为他做的事情,也只不过是穿着漂亮的衣服,化着美美的妆,露出可爱的笑容听着他讲故事,或者叽叽喳喳地聊些日常琐事,又或者展示自己性感的姿态而已。每次问他是不是有什么事情的时候,他的回答一直都是"我的小宝贝,你不需要懂这些事情"。A 穿着他不喜欢的衣服时,他会边说"我的小宝贝不适合穿这种衣服,穿别的吧",边拉着她去买新衣服。

对他来说,A 只不过是需要被爱护的玩偶一样的存在,A 也渐渐明白了自己不能变成他生活中的助力者或同伴的事实。我们这才理解了 A 的选择。

亨利克·易卜生创作的《玩偶之家》(Henrik Ibsen: A Doll's House)中的主人公娜拉,最后也以离家出走的方式而结束了玩偶的生活。难道我们只能以分手来体现我们的主体性吗?

如果是恋爱对象的话,首先要弄清楚对方是否把我看作是平等的人格主体。恋爱并不是一方拥有另一方的关系。所有权是指在法律或社会共同体允许的范围内拥有使用所有物、利用此物取得利益或处置此物的权利。但是我们不能拥有他人。对于恋爱对象，我们不能随意使用，利用他（她）来牟取利益或擅自处置。

而且，恋爱也不是奴隶契约。即使是恋人，我们也没有义务一定要无条件地满足对方的要求。这只是彼此之间互惠地给予感情，互相交换着一些维持关系所需要的行为的契约而已。如果说男人是一棵树，则其应与认为女人也是一棵树的人谈恋爱。如果说男人是船，那么女人也应该是船，而不是港口①，且应该是同时航行在茫茫大海上的船。

不管是甲方还是乙方都有各自的权利

我们通常把恋爱关系说成是权力关系。每当感到只有我在等待着对方，只有我惦记着对方，认为对方对我亏欠

① 韩国有一首成人歌谣《男人是船，女人是港口》，其中将已转身离开的男人比作船，将苦苦等待的女人比作港口。

很多感情的时候，我们就会冒出"原来我是这段恋爱关系中的'乙方'啊"这种想法。反之，如果对方失去联系时我不会感到忐忑不安，看到对方为了得到我的爱而战战兢兢，对方对我细微的反应都念念不忘而容易被我摆布时，我们会想："我是不是恋爱关系中的'甲方'？"就像这样，在恋爱关系中所谓的"甲乙关系"很容易被置换为谁更喜欢谁的问题。然而事实并非如此简单。

由于"甲乙关系"这种定义，自然而然地会让人觉得在"仗势欺人"，所以也有人将其视为"主从关系"的另一种说法。实际上，在日常生活中契约一般并不能在具备同等条件的人之间成立，而是拥有权力或财力的人与从他那里承包特定业务的人之间签订契约，因此"甲"掌控着"乙"的情况较多，自然会产生"仗势欺人"这样的想法。但是，在这种不平等关系下的契约也不能什么都如"甲方"所愿，进行过分不公正的签约。

契约通过甲乙双方意见达成一致而成立。但是其协商的内容有局限性，即不应超出社会共同体所允许的范围。甲方与乙方应处于公平关系下对契约内容进行交涉（因此即使签了不平等契约也不一定都要遵守）。若当事人一方利用自己垄断或优越的地位而签订的契约绝不能看作是正常的契约。在实际交易中，即使契约当事人之间在经济能力或社会地位方面存在着差异，但是法律依然保障着双方在一定程度上进行公正交易的权利。

举个例子，即使房东（出租人）是"甲方"，但租客（承租人）也有对甲方提出要求的权利。如租客约定的契约期可以得到保障，租来的房屋存在问题时，也可以要求房东进行维修，契约期满后也可以要求返还押金。即使租客处于弱势方，房东也不能随意赶走租客。若想要在契约到期之前赶走租客，需经法院裁决（当然，我承认目前保障承租人和出租人权利的法律或法院的裁决，不一定绝对公正。我只是在讲承租人也可以向出租人行使一定的权利）。

契约中所说的"自由"，并不是指想做什么就能做什么，而是在不侵犯对方自由的前提下的自由。因此契约的自由中存在着一定程度的局限性，双方应该协商其自由的界限。这时的协商也应在对方拥有自由、平等的地位前提下进行。

在恋爱关系中发生在双方之间的问题，第三方无法解决，唯一的解决方法就是通过双方进行协商与交涉。世界上存在着各种各样的恋爱关系，有时也会有双方角色不平等的关系。但至少在约定交往时，彼此间应承认对方处于与自己平等的地位，开始恋爱的决定并不应该以某一方的强迫或乞求为原因，交往的过程中要做到有话就说……这些都很重要。在恋爱关系中，根据实际情况，也有可能会出现利益稍微偏向于某一方的状况，但应尽可能地满足那些保障同等权利的基本条件。一边把刀架在对方的脖子上，一边说："今天开始我们就是交往的关系了。"这算什么恋爱关系的成立呢？同样，对方说："你只要和我在一起，我什么都愿意做。"于是你只能勉强接受哭着喊着求爱的人，这种情况也很难说成是恋爱。

我未必想要的关爱

"我们分手吧。"

"你突然之间说什么呢？"

"你根本不爱我。"

X 表示荒唐至极。很难理解他所说的"根本不爱"到底是什么意思。那这段时间 X 对恋人所做的许多惊喜都算什么呢？第一次谈恋爱的 X 有很多很多事情想跟恋人一起做，虽然有一点儿幼稚，但是非常想过纪念日的 X 在交往一百天的时候，还买了束花在恋人的公司门口等着他。每天早上都与对方联系，一到饭点就理所当然地问对方有没有吃饭，通勤的过程中如果想起对方，就打电话给他，说："没啥，就是想你了。"

X 期待恋人对自己的这种奉献做出回应，并以感动的表情回应 X。但是恋人不仅没有感激或感动，反而向 X 提出了分手。X 认为相比自己对恋人的付出，连一半程度的回报都没有从恋人那里获得。X 一直认为在目前的关系中渴求爱情的一方是自己，弱者也是自己。X 认为对方并不爱自己，觉得就算是分手，也应该是由自己提出才对。对方对这样的 X 说道："你并不是爱我，你只是爱着爱我时的'你自己'而已。"

拟定契约内容时虽然存在着自由，但是契约并不是一个人签订的，因此其中一方不能单方面决定其内容。契约的内容应该是经过双方协商达成一致的。然而 X 自愿做了些恋人并没有要求的事情，还期待着对方像自己一样"主动"为自己做点什么。也就是说，给对方背负了双方未曾协商过的债务。X 的恋人在不知不觉间变成不守约的人，且还被误解为破坏这段恋爱关系的人。

这里需要明确界定的是，为了"关爱"恋人而采取的一切行动是否都属于恋人关系中应履行的义务。在契约中，按照契约内容采取的行动才能算是真正履行了义务。比如我在餐厅点了一份辣白菜汤，但是餐厅老板说"部队火锅更好吃，别人也都吃部队火锅"，并给我提供了加完辅料的部队火锅。不管部队火锅有多贵多好吃，也不能算是真正地履行了义务，因为我点的菜就是辣白菜汤。从这个角度出发，对恋人的关爱不是提供我所理解的关爱，而是优先提供对方想要的关爱（当然，可以向对方要求的内容必须是符合社会常规的，且相互协商后意见一致的内容）。

从这一点来看，那句经常被称为人际交往格言的话——"要想别人怎么对你，你就应该怎么对待别人"，在恋爱中的很多情况下都是不妥当的。因为人们会产生"我都为你做了这些那些，这也容忍那也容忍，你为什么都不关心我到底想要什么"的不满。这类关爱别人的人从表面上看似乎是奉献于恋爱关系的人，而对方在恋爱关系中似乎未尽到应尽的义务。然而契约中真正意义上的履行义务就是要去履行契约中的内容。而且，其义务的内容应是契约当事人之间达成协议的内容，而不是由其中一方的猜测而决定的。

不管不顾对方到底想要什么，履行"单方面（或自己想要的）关爱"的一方，经常会因为不停地渴求着对方的爱情而感到筋疲力尽。在长时间没有向对方明确要求自己想要什么的情况下，有的人就会陷入"要是爱我的话，你不也应该像我对你一样关心我迁就我吗？我这么迁就着你，真的好伤心啊"的心理状态。这种人会不断地指出对方不按照自己希望的方式来爱自己，并将把对方评定为"不怎么爱自己的人"，自己陷入悲伤之中。但是我反复强调，在恋爱关系中的"标准"应该是双方达成协议的内容，而不能以所谓"普遍"的标准取而代之。从这个角度出发，对恋人迁就的内容也不是"我认为恋人会喜欢的内容"，而是"我交往的这个独一无二的人想要的内容"。

　　归根结底，在关系中双方承认彼此为独立的个体，认识到两个人的关系不是一个人与他的附属物，而是根据契约产生的平等关系，才是在这段关系中两人可以相互尊重的前提。恋爱并不是一方接受爱情，另一方给予爱情的单方面关系，而是互相给予的双务合同 ①。就如同我充分了解并深爱着对方一样，是不是也应该给对方这种机会呢？

---

① 双务合同：是指双方当事人都享有权利和承担义务的合同。双方的债权债务关系呈对应状态，即每一方当事人既是债权人又是债务人。

　　首先回答上面的问题，答案是"不用"。契约仅对"达成协议"的内容才能发挥其效力。单方面订立契约书后，在对具体事项不做任何说明的情况下就让对方盖章，则盖章的一方不用遵守该契约书的全部内容。有时也有人说"盖了章就完了"，这属于没有理解清楚契约本质的表现，至少应该对重要的内容进行说明，更详细的部分也应该对各个细节都进行协商。契约书是作为证据而存在的，并不是本身就代表契约。

　　举个例子，假设某位男演员以为在拍摄床戏时只需要裸露上半身，因此签订了出演合同。但是在拍摄当天，发生了事故，一起拍摄床戏的女演员突然将他的裤子拉了下来，因此男演员的屁股露在外面。男演员要求导演删减该镜头，然而导演却不以为然地说道："就这还大惊小怪，反正都露了，就这样吧。"后来才知道在契约书的一个角落用难以辨认的芝麻粒大小的字体记载了"允许在床戏中出现其他的裸露"的内容。导演自作主张地认为对男演员而言裸露并不是很重要的事，因此擅自添加了此部分，但如果是只要标在契约书上的条款都应该遵守，会怎样呢？如果身为当事人的这位男演员对裸露屁股事件感到无比的羞耻而表示抗议，其他男工作人员说："哎呀，大男人拿这件事斤斤计较什么呀。"然后就开始袖着手站在一旁，对因此导致的拍摄时间变长这件事情表示不满，又会怎样呢？

如果这件事情闹到法庭，这位男演员可能会以电影制作公司为被告申请禁止电影发行和上映的假处分①。然而民事审判应由请求审判的人（即原告）对本人请求内容的妥当性进行证明，因此该男演员应通过各种证据来证明关于契约书上所记载的允许裸露的部分，双方并未进行过任何协商。虽然审判过程可能会很艰难，但是如果能够妥当地证明契约交涉的过程，就有可能在审判中胜诉。因为原则上来讲，没有经过契约双方的同意，甚至其中根本不知道的内容，就不能成为契约的一部分。

恋爱关系也是如此。并不是交往了就一定要做对方要

---

① 假处分：相当于中国的保全措施。

求的事情。虽然明确契约内容的过程中确实存在着自由，但是不能由其中一方单方面地确定契约内容，契约的内容应该是达成协议的内容。

那么恋人为什么会做出让对方觉得"仗势欺人"的恶劣行为呢？恋人并不是坏人，我们也明明爱着对方，为了互相照顾而开始恋爱，然而只是用"更爱的一方是弱者"来解释就可以吗？在恋爱关系中也存在甲乙方关系，有可能会出现以"恋人"为借口，充当"甲方"的人利用"乙方"的好意与爱情强迫"乙方"做一些没有达成协议的事情。

假如有一对情侣，一方在处于暧昧关系时明确表示自己是婚后关系主义者，对方也对此表示理解并同意才开始交往。但是交往了之后，就以交往当然要发生性关系为由向对方提出该要求，这种情况会怎么样呢？契约交涉阶段明明排除了性关系的相关内容，还强迫并指责对方"你不爱我"，或者明知道对方的经济状况不佳且自己也接受了此事实，却在纪念日因对方不给自己买昂贵的礼物而责怪对方——"都怪你不爱我"，这样的关系都是很难维持下去的。

强迫对方履行没有达成协议的内容，我们不能与这样的人继续签约。和这样的人解除恋爱契约是理所应当的事情。我们在日常生活中面对着许多不公平，没有理由在恋爱中也要忍受这样的不公平。让我们和坚守并尊重我们信念的人好好谈一场能够达成完美协议的恋爱吧。

恋爱也需要努力

·保留条款与失效原则·

　　以"我们交往吧"这句话开启恋爱之后，此关系会如何发展，完完全全取决于两个人。也许从一开始就会是感情上并不平等的恋爱，双方之间也有自然而然地确定了占主导地位的一方。这种不平等在一方的主导下，也存在应遵守的界限。而且，为了守护这一界限双方也要付出很多努力，是为了不打破相互喜欢的两个人决定交往并维持恋爱关系的约定而付出的努力。

恋爱是不断调整和成长的过程

　　"怎么才能交往那么久？"

　　我对谈了长达 10 年恋爱的 R 问道。这仅仅是关于如何与同一个人度过二十多岁青春的好奇心而已，毕竟二十多岁的青春充满着变幻莫测。她的回答很简单——"就是，我喜欢他本身。"虽然他们两个人专业不同，梦想不同，各自所处的环境也不同，但是经常谈论对方的人生，认可彼此的变化，而且会根据其变化对彼此的关系进行细微的调整。

开始某种关系时，通常会出现固化对方与自己状态的现象。这与父母依旧把已长大成人的儿女当作孩子来对待，或者长大成人后遇见小学同学时，突然感觉自己重新回到小学生时期，向对方开幼稚的玩笑是一样的道理。

因此，观察那些能维持很长时间良好关系的人，会发现他们彼此都见证了对方经历人生中的各种风波后逐渐改变的过程，并认可了这样的他，就这样一同度过漫长的时光。

"这不像你的作风。"朋友的一句话令我勃然大怒。"那到底什么叫我的作风？"那一瞬间，我们会面对一个事实，即我们每个人都会根据自身情况而逐渐改变，曾经的朋友与现在的他也可能会有所不同。如果不能承认此事实，可能会绝交，即使不绝交，朋友关系也有可能会逐渐疏远。

相反，如果能够认可并接受现在的朋友，则今后也能维持长久的关系。恋人关系也如同朋友关系，关键就是要互相认可彼此的变化。

观察那些建立长期交易关系的人可以看出，他们签订的契约相当灵活。契约是人为订立的东西，有时预留一些"调整的可能性"能使契约变得更加牢固。如果明确标示执行期限，站在法律从业者的立场确实便于追究履行义务的责任，但有时通过延长最后期限的方法来完美达成契约本身所追求的目的，会比遵守期限显得更为重要，所以一般也会添加如"通过协商可延长一次执行期"等条款。但是其协调可能性并不是没有限制的，即通过这份契约，双方想要达成的目标是什么，我方可以让步到什么程度，关于这些问题应该明确标准，且应在可容许的范围内进行协调。

恋爱经验也能成为资历吗？

"真的，难道我做错了什么吗？"

第一次谈恋爱的 F 这样问道。F 的恋人去海外出差，说星期日回来。然而星期日 F 与我有约在先，就对恋人说："我晚上有约，你回来路上小心。"恋人回答："啊……有约啊，我知道了。"然后就再也没有联系了。"有什么事吗？"F 向恋人发了条短信，然而恋人并没有回复。F 陷入了一片混乱之中。"我本以为他出差回来肯定会疲惫，难道他是想见我的，他为什么不回复我的信息呢，难道之前的对话有什么问题，我当时是不是应该立马取消约会去见他呢？"

F 回想着和恋人的对话，努力去寻找问题点，突然对连信息都不回复的恋人感到失望。跟我聊天时也一直心不在焉，F 反反复复地折腾着手机，拿起又放下，翻过来看看又倒扣在桌面上。然而直到我们的约会结束为止，F 的恋人一直都没有联系她。据说那天 F 怀着焦躁不安的心情彻夜未眠。F 怕恋人在生自己的气，都不敢主动联系，只是苦苦等待着对方的信息。直到第二天早上，F 收到恋人的信息，是若无其事的一句"Morning"，F 差点就要哭出来了。"昨天太累了，直接就睡了，没看到信息。"他反问 F，"有什么事吗？"殊不知 F 度过了极其煎熬的夜晚。

其实，F 的恋人可能刚出差回来就很想见 F，但是既然 F 有约在先，他就立即回去休息了。他是精通恋爱的人，他知道，即使是交往，自己也没有使对方与朋友失约的权利。

　　相反，关于恋爱关系与其他关系之间的平衡，F 还没有明确自己的标准。因此关于对方到底为什么在这种情况下说出这种话，为什么做出那种反应，为什么不跟自己联系等诸多问题都抱有疑问，对恋人的反应赋予过度的解读，独自痛苦不堪。为了不被对方看作是很有控制欲的人而不断挣扎，从而感到孤独寂寞，反反复复地在过度期待和失望中度日，F 对恋人若无其事的行为感到无比失望。如果 F 不能自己制定标准，那么伤心的一方一定会是 F。我能告诉 F 的也只有这些。

　　"我觉得最好跟他讲一下你昨天的感受。不要自己揣测，直接问他，选择相信他怎么样？"

　　大概是从二十五岁开始，无论是男女老少，为了安排相亲而询问的主要信息里，都包括了对方是否有过恋爱经验这一问题。也许是为了间接地询问是否与他人有过亲密行为，但除此之外，还是为了推测出对方对待恋爱的态度，了解与对方的恋爱初期的磨合需要付出多大的努力。

虽然有些人会感到愤愤不平，难道恋爱经验也能成为资历吗？但是恋爱关系与一般的人际关系有所不同，是一个从一句话、一个动作都能感受到对方情感的既亲密又独有的关系。因此在恋爱的过程中，会学到一些特殊的沟通方式——从争吵、受伤的过程中得到锻炼，是通过这种艰辛的过程学到的一种技能。

在恋爱关系中，是否能认清自己想要的是什么并能表述给自己的恋人，掌握对方心理需求的细心程度，以及亲密行为方面的娴熟程度等等，都会成为选择恋爱对象时的标准。我们想当然地认为，一个人现在在恋爱中的状态，都是他与之前对象的恋爱经验累积而成的，因此我们有时会询问恋人前段恋爱是怎样的，分手理由是什么等，来推测这个人对恋爱的态度。在相亲或类似于相亲的初次见面时，很多人会询问对方为什么与前任分手这类问题，这也许是出于想掌握这些的目的吧。

与很细心体贴的人相处时，我有时会感激他的前女友们。他应该是在她们的万般"折磨"下逐渐成长起来的，与她们分手后，也通过各种反省来打磨自己吧。同样，我也经常说，与前男友们经历的各种琐碎的争吵、无法化解的冲突、无法克服的差异等，这些失恋的伤痛练就了八成的我，也促使我"恋爱社会化"。有时，与和父母分享的生活相比，恋人之间的分享有着更加隐秘的一面，因此恋人关系中产生的伤痕，会比其他人给予你的伤痕更为锋利，令你血流如注、痛苦不堪。但同时这也是一种动力，你会为了自己所爱的人而努力充实自己，并成为更好的自己。可以说，在反省和考察的过程中，我们会变得更加成熟。因此我有时会跟前男友说："好好对待你的女朋友，别让我挨骂。"也会跟现男友说："真感谢你的前女友们。"经验造就人，恋爱也是如此。

理想型只是理想型而已

"我从来都没有这样过，感觉最近自己就是一个彻底的'乙方'，一直费尽心思想该怎么说话。"

U叹了口气说道。U每次都与追求自己的人交往，且每当恋爱结束时，她都会说道："我也想谈一场炽热的恋爱。"U没有经历过被某个人深深迷住，以至于日常生活都会被影响的那种爱情。U的恋人主要是那些站在朋友与恋人的边界线上，不怎么给她负担的人，或者为了得到U的爱情而奉献的人。U享受着不用为了爱自己的恋人而特意去努力的那种既舒适又安稳的恋爱，但最终总会因为自己厌倦或对方感到疲惫不堪而结束关系。她也一直相信这种恋爱方式很适合自己。

然而，U在这一次的恋爱中居然会去看对方的眼色，揣摩对方的心情，小心翼翼地斟酌字句，甚至对不能经常见面的恋人关心备至。似乎是因为他的风格与U的前任们截然不同，所以U无法完美掌握他的反应。

"因为喜欢他，所以努力去展示自己更好的一面，是很自然的事情。但是这个期限一旦过长，在彼此更加亲近之前，反而会因为只有你在煞费苦心而导致自己先精疲力竭。我想你不如表现出你更加坦率的想法或自然的反应。"

想在喜欢的人面前展示自己更好的一面，这是一种理所应当且相当自然的心理现象。希望自己喜欢的人稍加变化，成为自己心目中的理想型，也许这也是一种很自然的现象。在这种作用与反作用的过程中，我们都希望自己变成符合对方口味的人。有时，我们会因为自己和对方的理想型是完全不同的类型而感到自卑，为了变成符合对方理想型的人而费尽心思。若碰巧他周围还存在着他所说的理想型风格的异性，我们便会经历抓狂、警惕、嫉妒等多种痛苦。就像对方掌握着我们恋爱的钥匙一样，我们不断地向他提出的"标准"里代入自己并努力去迎合。也许是想通过把自己塑造成接近他的理想型，从而重获自己为他所倾注的爱。

然而仔细观察这些人，我们会发现，虽然说着"我喜欢哪种状态""我喜欢哪种类型的人"，但实际上他也并不是"只"喜欢这一种类型，有时也会喜欢上和自己所说的类型完全相反的人。喜欢一个人，在感情的世界里，标准显得毫无意义。因此，没有必要以想得到他人的爱情或者好感为由，以对方所说的"我喜欢这样或那样的人"为标准去改变自己。

一个人喜欢另一个人只是特定且偶然的情投意合，并不是只要努力就能得到的。对方决定建立关系的人已经是"我"了，他所说的理想型也只不过是表示了自己平时会欣赏那样的类型而已。而这并不代表一旦出现他的理想型他就会与"我"分手，走向理想型。也许他看到连我自己都不了解的我的某些方面，会感觉与他的理想型很像也不一定。

再次强调，没必要为了与喜欢的人交换喜爱之情，从而表现出认为对方会喜欢的状态，掩饰真实的自己。这一行为反而会践踏自己本身所拥有的个性，让自己失去平衡感，让自己不断地与外部的标准（对方的标准）进行比较，降低自尊心。况且，生活在社会中，我们并不是只与恋人建立关系，还会与朋友、潜在的恋爱对象、父母、亲戚、同事等建立关系，如果需要去迎合所有人的外部标准，终究只会剩下碎片化的自我。

即使签订契约后决定向对方收取报酬，也没有必要无条件地接受对方的要求，也没有理由勉强地要求自己做出承诺以外的事情。恋爱也是如此。如果当初明明决定与我谈恋爱，结果却要求我像别人那般行动，像别人那样打扮，那么和这个人的恋爱也就该到此结束。因为他需要的并不是我，而是其他人。

为什么到现在改口？

我们去理发店时会提出要求："稍微修剪一下发尾，然后染个色吧。"如果发型设计师无意间直接把头发剪成短发，我们肯定会大发雷霆。"我不是说只修剪一下发尾吗！"这时发型设计师会承认失误并向我们道歉。

你如果只是心里想着"只修剪一下发尾吧"，然而向发型设计师说："适当地帮我剪成适合我的长度吧。"会怎么样呢？发型设计师可能会说"我觉得您很适合留短发"，又或者连一句"短发您觉得怎么样？"都不问，仅凭自己的看法，觉得你肯定适合短发，从而直接剪短了。虽然存在着沟通上的障碍，但是顾客也没有明确表示自己不喜欢短发，而且说了"适当"一词，这就给发型设计师赋予了很多权利。因此，在这种情况下，顾客即使感到很生气，也很难追究发型设计师的责任。

在表达感情或意见方面，每个人的能力存在着明显差异。因此，不善于表达的人有时会期待即使自己不说对方也能理解自己的心。当然，如果深爱着对方，即便恋人不说什么，大多数人都会对恋人表情中的微妙变化、消极地提出来的意见、模棱两可但感觉像是拒绝的表态、在行动中显现出来的兴趣等等，做出更加敏锐的反应。这样彼此之间相互关心的积累，就是恋人之间形成亲密且隐秘关系的过程，也属于一种很自然的现象。因为喜欢一个人，肯定会时刻对他感到好奇，对他现在在哪里、做什么或者喜欢什么等问题感兴趣。

如果对方想了解我的需求与期望，即使不能积极地递出整理好的清单，但也必须努力向对方传达我喜欢什么，在我们的关系中我期待着什么等信息。不讲清楚自己的喜好，一味地迎合对方，同时又因对方不了解自己而伤心欲绝，这也是一种很矛盾的行为。即使是恋人，彼此期待着对方的关爱也要有一定的限度。

昨晚，T 的恋人说自己跟朋友们有约之后，到第二天上午了还一点消息都没有，因此 T 的心情很不好。而 T 的恋人呢，因为 T 笑着跟自己说了一句"跟朋友们玩得开心哦"，他就深信着这句话与朋友们度过了愉快的时光。"我恋人一听我去跟朋友玩，就不会打扰我"，他甚至向朋友们这样炫耀了自己与恋人之间的信赖程度。他以愉快的心情迎来了第二天才联系了 T。T 不想表现出自己不爽的心情，就若无其事地问道："昨天玩得怎么样？"并和恋人约好时间见面。实际上，T 昨晚彻夜未眠，一直担心着他到底什么时候回家，会不会是遭遇了什么不测，等等。然而对方连一句"让你担心了，对不起"这种道歉都没有，就像什么事情都没有发生一样开开心心地联系了她，T 感到很失望。但是那天她也装得跟没事人一样，约会完就回到了家。

没有解开心结的 T 渐渐开始对他态度生硬，没过多久，两个人便吵了起来。他这才了解到，在自己只顾着跟朋友们玩，没有与 T 联系的这件事情上，T 实际上是对他感到了失望。他指责 T 说："那你为什么不说出来呢？"T 也指责恋人："非得要说出来才知道吗，这不是理所应当的吗？你对我稍微关心一点就肯定会知道啊。我不是一直都联系你吗？"一个人是不明说，只等待着对方的好意；另一个人是不管不顾对方的心情，只知道享受着对方的好意，这两个人的距离变得渐渐遥远，以至于无法拥抱，也无法牵手。

虽然有人说，当两个人的关系出现问题，在生气的情况下直接挑明，并不是一个很好的战略，但是一直耿耿于怀，很久以后再拿出来讲，这也不是个好方法。关于以上情况，法律上也存在"权利失效原则"。本有行使权利的机会，但权利人在长时间内不行使其权利，待特定条件成立后才迟迟行使权利，此时在法律上已不允许权利人行使权利，此谓权利失效原则。其特定条件是指，权利的对方也相信权利人不会行使权利，而且这种信任不是来自对方的个人判断，而是存在着充分理由的情况。

因此，如果当时没有把这件事当作问题，很洒脱地说"没关系"，然而过了好一会，等到对方已经忘得差不多的时候，突然说"你当时……"对方肯定会不知所措，毕竟对方认为这件事情早就解决了或者认为已经不要紧了。这时对方也有可能因为想起当时我说过的"没关系"，反而会感到被欺骗而更加愤愤不平。对方感到被欺骗，其实也有他自己的根据。毕竟当时我确实说了一句"没关系"。因此，即使是因对方的错误造成的问题，如果不能及时做出表态，也很难顺利地化解矛盾。

当然，适用权利失效原则的情况也极其例外。但这是为法律稳定性而制定的政策原则，当事人应铭记于心，有必要积极地做出明确表示。"法律不保护躺在权利上睡觉的人。"这是最有名的法律谚语之一。它指的是应在法律规定的时效期间内主张权利，错过时效再难争取，即使提出后没有被对方接受，也要留下当时做出过这种明确表示的证据。

爱情的消灭时效

类似地，请求权利存在消灭时效。所谓消灭时效，是指权利人明明可以行使其权利，然而在法定期间内依旧未行使该权利的情况，依法将丧失该权利的制度。因此，即使有任何权利，行使该权利的期限也是被规定的。

举个例子，我借钱给某人，则我就是债权人，借钱的人就是债务人。如果到了约好还钱的日子，债务人未还钱，我应要求对方还钱。如果不跟对方说还钱，默不作声地过了十年，十年后我就没有权利要求对方还钱了。因为金钱债权的消灭时效就是十年[①]。

我认为在爱情中提出形成关系或者恢复关系的时间在一定程度上也是受限制的。如果总是等待着对方的决定，那么在某一刹那就会面对不能以自己希望的方式去维持关系的情况。例如，我与某人暧昧了一段时间后想发展成恋人关系，如果只等待对方表白，则对方可能会认为我对他不冷不热，从而去寻找新的对象，到最后还会把维持暧昧的那份热情冷却掉。持续时间过长的暧昧关系难以延续为恋人关系的原因，也有可能是因为这个。

当然，在消灭时效的期间请求审判，或者即便过了期限，在对方承认了的情况下，其进程也会中断，爱情也是。为了不让对方感到疲惫，我们需要做出恰如其分的行动。形成关系并维持关系应伴随着行动。如果一味被动地期待

[①] 韩国金钱债权的消灭时效为十年。我国《民法典》第一百八十八条规定："向人民法院请求保护民事权利的诉讼时效为三年，法律另有规定的除外。"

对方会给我们想要的东西并等待，则很容易错过良机。想要钱就要求对方给钱，想要爱情就说想要爱情，想要分手就应该提出分手。如果只等待着对方的决定，不知不觉中我们可能已经早就错过了可以说话的时机。有句话很有名，"恋爱中时机也很重要"。

坦率的勇气

有时，站在难以琢磨心思的对方面前，我会被各种恐惧所笼罩以致无法动弹。我怕如果坦率地向对方表现出自己的心意，会不会受到侮辱，会不会变得凄惨，会不会遭到拒绝。在很难猜测对方对我的看法，不知对方会怎么理解我的话时，就算我平时再怎么善于自我表现，也很难在这种情况下鼓起勇气。

虽然面对真相是一件伤心的事情，也是一件伤害对方感情的事情，但是一段感情能成为互相可以说出真相并倾听真相的关系，我认为也是一件很可贵的事情。因为这样就能同时拥有向对方展示自己勇气以及对方向我展示自己的勇气，这样，两个人之间的隔阂就很容易消除。

另外，我有时想，认为过于坦率是无礼的人和认为不坦率只有虚礼才是无礼的人，两种人之间的距离会拉近吗？我认为，如果两人之间能说出你是那样的人，我是这样的人，也可以互相理解，且彼此爱惜对方到能包容其差异的程度，我觉得也许可能会拉近距离。

虽然鼓起勇气说出来后，一直守护的关系有可能会破裂，固然会令人害怕，但若是因为害怕关系破裂，就对自己的感情不敢直抒胸臆，因为害怕被抛弃而陷入自我挣扎，也会令人伤心。所以我想说，干脆鼓起勇气吧！

不结婚也没关系

· 宪法保障的自决权 ·

即使你正在享受着一段恋情，但周围朋友一个接一个地开始结婚，你可能就会突然感到烦恼。恋爱的终点到底是什么呢？其实很难找到这个问题的答案。与受法律保护的婚姻不同，恋人之间在一起的"约定"非常脆弱。我们的恋爱关系真的能够长久地维持下去吗？无论从什么意义上讲，结局都会到来，但这个结局是随着两人中的其中一人的生命结束而来，还是明天就会突然来临，我们并不确定。我们相爱的这一约定能持续到什么时候呢。

为什么恋爱的终点就是结婚

在二十多岁的时候，不管是遇到异性朋友还是同性朋友，一旦聊到恋爱故事，大体上都不会有太大的负担，可以轻松愉快地进行对话。现在交往的人怎么样、为什么想谈恋爱、想谈什么样的恋爱、想跟什么样的人交往、如果不想谈恋爱的话理由是什么，恋爱的时候我们得到的是什么、失去的是什么，去过的地方中哪些地方适合约会、上次吵架的时候是怎么和好的……一旦有人引出关于恋爱的话题，无论是谁都会讲出属于自己的故事。

然而到了三十多岁的时候，不知不觉，比起恋爱本身，大家更多是在倾诉关于结婚或者育儿的苦恼。真的有必要结婚吗、为什么大家都说该结婚了、为什么要结婚、结婚有什么好处、如果结婚的话该不该生孩子、生孩子的话应该由谁来抚养、我的事业怎么办，所以到底要不要结婚、结的话应该跟什么样的人结婚、现在交往的人是不是结婚的合适人选……各种各样的问题开始成为聊天的主题。

已结婚的朋友、已生孩子的朋友、对结婚一点想法都没有的朋友、很想结婚却没有对象的朋友、本人没有结婚的想法而正在交往的对象流露出了结婚想法的朋友、本人想结婚而对方没有结婚想法的朋友等，大家以各式各样的组合见面聊天，聊天主题最终都会从恋爱转到结婚，从结婚转到育儿，再从育儿转到事业，无论是跟异性朋友还是跟同性朋友见面都一样。对已经三十多岁的人来说，"结婚"这一主题已经成为谈恋爱之前，应该从暧昧时期就要开始考虑的必要因素。

结婚是《民法》上规定了内容的法律契约。到民政局进行"婚姻登记"，就会变成《民法》中"婚姻"规定的关系。

《民法》中规定着许多夫妻间的义务。虽然结婚也有义务，但彼此之间很多权利都受到法律的保护。例如：夫妻对共同财产有平等的处理权；夫妻间有相互继承遗产的权利。

另外，想办理离婚时如果双方无法达成协议，则只能通过诉讼才能离婚。结婚登记可以轻松进行，但离婚并不容易。这说明我们社会通过法律，支持并保护着婚姻这一特殊的家庭关系。因此想要超越恋爱这一契约，想更加巩固、保护关系的人，会选择结婚。

法律所保护的权利应当平等地赋予每一个人，歧视是不应该的。因此每个人的婚姻都应该受到法律的保护。

如果对方是非婚姻生活的伙伴

在考虑结婚问题的过程中，有时我也会产生这样的想法。每个人都希望和心爱的人共度余生，但即使不是心爱的人，也希望在年老后有一个一起生活、相互照顾的伙伴。难道这样的伙伴必须得是与我有以性爱为基础感情的异性吗，不能是堂弟堂妹或表弟表妹吗？不能跟挚友一起生活吗？虽然是异性室友，但不是结婚那种关系的朋友就不可以吗？实际上已经有很多人以朋友、前后辈、师生等关系为基础一同生活着。有时候发生紧急情况，比起居住在远方的父母，目前与自己共同生活的人，可能会是实质性的更亲近、更值得信赖的人。

在不打算结婚的人当中，如果父母去世或没有亲密交往的亲人，则会希望与熟人组成共同体，在未来的生活里相互关照。对于乡村小镇里聚集在一起生活的老年人来说，比起住在远方大城市的子女，住在附近的朋友有可能更加适合成为他们的监护人。仅仅以没有拥有配偶名义的异性伙伴为由，就剥夺其拥有监护人的权利，这种做法是否正确，也令人感到疑惑。

从这一观点来看，与什么样的人一起生活，让谁担任我的监护人，都属于个人行使自决权以及幸福追求权的领域。但是目前法律还不容许自行选择其他人作为彼此的监护人的行为。

不论是男是女，只要能与值得信任的人一起生活且其关系可以受到保护，那也就没有必要一定要结婚吧。

随着生活方式的迅速变化，国民对结婚的想法也随之发生了改变。当国民的生活形态发生变化并成为社会趋势时，法律就会顺应其趋势。虽然法律有时会将人们的生活引向某个方向，但它在根本上是社会协议的产物。根据社会文化环境的变化，人们会适应在变化的环境里生活，我认为法律制度理应做出相应的改变。

害怕结婚的理由

虽然婚后的生活在细节部分不断发生着变化，但是基本的框架并没有太大的改变，一直延续着。一旦成为法律定义的"家庭"，两个人在法律上就成了一个经济共同体，彼此都承担了与日常生活相关的事务责任，并且成为家庭相关债务的连带债务人。我们被各自的家族关系所收揽，也会成为面对继承财产问题时的当事人。我和爱人的孩子，会自然地成为双方父母的孙子，爱人的兄弟姐妹也会成为我的孩子的亲戚。

婚姻的关系会以家庭为起点侵入我个人的生活领域。即使想要保持距离，也会受到不同层面的社会压力。甚至是爱人父母的生日，也不仅仅是爱人自己的事情了，而会变成爱人与我所属的这个家庭共同体的事。如果只是恋人或者朋友的身份，出于好意也可以一起庆祝对方父母的生日。但是一旦成为夫妻，这就会变成默认的义务，可能会令人感受到很大的压力。

结婚不得不考虑"婚姻制度"，因此不仅仅需要考虑对方是否是自己喜欢的类型、自己能否与他和睦相处，还要考虑更深层次的问题。寻找与自己一同步入婚姻的伴侣这种事情和与自己喜欢的人一起生活不完全相同，会附加其他一些条件。比如说他的父母是什么样的人、家庭关系是怎样的、家族文化又是什么等，这些需要更进一步的了解。不管对方人再好，如果无法和对方的父母友好相处，则很难维持婚姻生活。恋爱时需要进行选择，结婚的时候更是如此。家庭问题可以说是结婚的最后一道关卡。

结婚与自主决定权

在当今社会，认为结婚与恋爱无关的观念似乎还没有形成大的趋势。一般情况下，如果不婚的想法不够坚决的话，恋爱的最终目的一般都是结婚。但自从开始怀疑结婚是不是人生中的必由之路以来，对我来说结婚并不是恋爱后顺其自然的选择。我认为结婚是会改变我人生方向的特殊决定。在我的人生历程中，结婚只不过是一种特殊选择而已，这样表述似乎更恰当一些。

结婚与否，我认为完全是属于个人的决定。无论是何时结婚还是和谁结婚，都不该由父母或社会来决定，而是该由自己来决定。事实上，关于是否要上大学、大学专业的选择、毕业后从事的职业等问题，做决定时家人的建议、社会氛围或者社会压力必然会介入，但原则上来说这些都属于个人自由的范畴。结婚也是如此，并不属于他人可以替代自己决定的范畴。

然而，选择人生的伴侣这种非常私人的问题，个人的自主决定权也经常被他人否定，甚至也被恋爱对象否定。

　　大学毕业后，到了 25 岁左右，长辈们就会开始问："现在是不是该准备结婚了？"然而相亲市场的红娘们甚至从我 20 岁的时候就开始说"年轻时候"反而是"适龄期"，并提议我以"待售品"的身份出现在所谓的"婚姻市场"里。就这样到了 35 岁左右，我都表明了没有结婚的想法了，可周围的人还在担心我的结婚和生育问题。一些虽然想谈恋爱，但对结婚感到有压力的人，一般都不愿意与 35 岁左右的对象交往。因为他们并不想承担"结婚"这一责任。恋爱的时候，有时我也会收到"几年之内我并没有结婚的打算，如果你着急结婚，那就再考虑一下吧"这种信号。就像真实存在着必须结婚的时间界限，一旦错过这一时期就会成为"库存处理"对象一样。

　　"我什么时候说过想结婚了，为什么要自作主张地规划我的人生？"

　　"你现在处于黄金时期（prime time）啊，好好考虑一下吧。我可不想听到你因为跟我交往而错过了结婚适龄期的抱怨。"

正处于暧昧的阶段，他这样对 Q 说道。意思就是说，即便是谈恋爱，他也没有信心谈以结婚为前提的恋爱。Q 感到一头雾水，为什么自己连提都没有提到的结婚问题，在签订恋爱契约之前就被提了出来。明明不想以结婚为前提谈恋爱的人是 Q，对方却胡乱猜测 Q 想结婚，这种情况真是令人啼笑皆非。Q 感到疑惑不解，到底是该说"我不想结婚，就这样谈恋爱吧"，还是该追问对方为何把拒绝的话说得这般卑鄙无耻。况且还说什么"黄金时期"，Q 认为自己又不是物品，他说的是什么莫名其妙的话。但是另一方面 Q 又能够理解，因为的确一直都有人跟 Q 说她现在处于结婚适龄期，所以 Q 觉得，坦然接受就是对他最好的回应。"对，我就是处于黄金时期的黄金女孩（Prime Girl）！"

个人理所应当拥有的权利我们称之为个人的"基本权利"，基本权利只受法律的限制，其限制的程度应保证不损害基本权利本身。但我们都知道，基本权利是"自己理所当然的权利"。因此，当别人过分干涉我们的基本权利或妨碍我们行使基本权利时，我们本能地会感到不舒服乃至被冒犯。

宪法法院① 解释，《宪法》保障的"人格权及幸福追求权"和"私生活的秘密和自由"是以任何人都不受他人的干涉以及任何人都拥有自主决定自己命运的权利为前提的。这些权利内容中包括性自主决定权。"性自主决定权"是指任何人都拥有以自己的人生观等为基础，在社会共同体内各自确立性价值观的自由及权利。因此，在私生活领域，根据自己在性方面做出的决定，在自己可以承担责任的情况下拥有选择对象并发生性关系的权利。也就是说，与谁发生性关系、是否发生性关系的权利均属于自己。恋爱和结婚可以说是行使性自主决定权的多种形态之一。

"到了结婚的年龄就该结婚了。"这种周围人的干涉，我认为是对当事人拥有的性自主决定权这一基本权利的挑战。尤其是很多父母不认可子女为独立的个体，不认同"结婚是'选择'，体现了自主决定权这一基本权利"的观点，

①　韩国宪法法院建立于 1988 年 9 月，是根据《大韩民国宪法》设立的独立的司法机构。

他们做出的一系列行为都严重侵犯了子女的基本权利。有些父母为了把不想相亲的子女强行推向相亲场所，逼迫子女结婚，不惜采取各种各样的策略。比如威胁中断财政支援、哭诉想抱孙子，以可惜遗传基因得不到传承为由进行劝诱等。即使是父母与子女的关系，除了忠告、支持与建议以外的任何要求和干涉都有可能成为侵犯子女性自主决定权的行为。

举个例子，在电视剧《经常请吃饭的漂亮姐姐》中尹珍雅（孙艺珍饰）的妈妈金美妍（吉海延饰），她不断地干涉女儿尹珍雅的恋爱并称之为"关心子女"，并且不满意女儿的恋爱对象徐俊熙（丁海寅饰），怂恿女儿分手。尹珍雅说自己有心爱的人，然而妈妈强迫她去相亲的场面真的让我感同身受。因为这并不是电视剧中夸张的故事，而是在生活中很有可能发生的，或者从朋友那里听到过的那种故事。

结婚后形成经济共同体并共同生活固然重要，但我们也不能忽视结婚在性方面其实是行使着排他性垄断权的。

另外，韩国的《民法》规定，可以以违背法律为由要求出轨的一方进行损害赔偿，而且，外遇行为可以作为明确的离婚理由。从这一点来看，很难否认婚姻的核心中存在性关系这一部分。性生活中的矛盾演变为生活中的矛盾，生活中的矛盾最终导致关系破裂，这一流程在离婚案件中也是非常常见的。甚至有人开玩笑说性格差异这一离婚事由并不是品行的差异，而是来自性生活的差异。

至于我是否与某人结婚、和谁结婚的问题，并不是除我以外的其他人可以代替我做出决定的事情。结婚是一种应履行法律上的权利与义务以及其他权利和义务的契约，因此完全是个人的选择。这是包括性关系在内的严谨的契约。从这个角度来看，"人和人都相差无几，找个差不多的人将就地结婚吧"，这种周围的干涉严重侵犯个人隐私。即使是出于再好的意图，我甚至认为，这相当于是在劝说别人"如果差不多可以的话，就可以容忍发生性关系"。

在恋爱与结婚之间

我对大部分的事情都拥有自己的选择，然而唯独关于结婚，至今都拿不定主意。由于前面所讲的诸多原因，我既想结婚又不想结婚。二十多岁的时候，只是茫然地希望把结婚推迟到 30 岁之后，所以并没有具体考虑过。甚至向当时交往的恋人问道："我们从现在开始交往，如果想结婚至少还得继续交往几年，你觉得几年后我们继续交往的可能性大？还是已经分手的可能性大？"我想追随心中的正义感和社会责任感，怀着好奇心让生活充满活力，然而当要以"结婚"的名义组成一个家庭时，我是否可以为了那个他去调整我人生的方向，这一问题令我非常苦恼。

我也曾想过为了心爱的人放弃充满活力的人生而过安稳的生活。当然，这也只是想想而已，实际上我的选择一直都顺从着我的内心。从业资格考试合格之后，我选择的第一份工作在一个基金会，它是为遭受间谍造假及拷问的受害者获得损害赔偿金而建立的基金会，称作"真实的力量"（The Truth Foundation）。我在那里参加了整理与"岁月号惨案"①相关审判记录的项目。决定做这件事的时候，

① 2014 年 4 月 16 日上午，一艘载有 475 人的"岁月号"客轮在全罗南道珍岛郡屏风岛以北 20 公里海上发生进水事故，并在 2 小时 20 分钟后沉没。事故造成包括 4 名中国公民在内的 295 人遇难，9 人下落不明。

当时的恋人担心这个项目结束后，我将无法作为所谓的"普通"律师在律师事务所工作，前途将会很艰难。乍一看，这也是非常合理的担心。但是他不支持我的选择，无法理解我选定的人生方向，我感到莫大的遗憾。"作为律师，如果决定接手一个案件，哪怕将会走向地狱也应在所不惜，这才是真正的律师。"根据前辈的建议，我没有选择恋人，而是选择了"岁月号"项目。

有趣的是，在那个项目结束后，我确实成为他所希望的那种"普通"律师，在律师事务所里担任讼务律师。但是与他分手，对彼此来说是件好事。也许今后我不会故意到处寻找"趣事"，但即便如此，在新的"趣事"找上门来的时候，也没有不抓住的道理。遇到这种事情，没有必要也没有理由因为不支持我的人而考虑是否改变自己的人生方向。因为与其他人相比，我最爱我自己。

从那以后，找恋爱对象时我有了自己的标准，"他是不是认可、支持我的人？"我想给自己开辟多条人生线路。我希望自己选择的人生再也不要因恋人而受到阻碍。想到这些问题，我就会产生一种自己是不是与结婚这一制度不相符的想法，为此而感到大脑混乱。因为结婚契约的前提是，为了维持家庭生活，夫妻双方都应在彼此的人生选择中稍微做出让步。如果只是恋爱，不想让步时可以选择分手，但是如果是结婚的话，很难以不想让步为由而闹离婚。因此，与会做出让步的人结婚，似乎也是很重要的一点。甚至生下孩子后，还要为了孩子做出让步。

但有的时候，一想到"还是希望有一个永远都会站在我这边的伴侣"，便会很想结婚。看到朋友或周围人的漂亮的孩子，我的心也开始动摇。"孩子这么可爱，为了他做出点牺牲又能怎样？"然而有的时候，也会产生"人生的伙伴一定得是'配偶'吗，我不能和我心爱的朋友们一起老去，一起组成共同体吗"这种想法。就这样，我又进入了纠结混乱的状态。

如果不结婚的话，我会过什么样的生活呢？也许还会继续恋爱吧，因为恋爱是诸多事情中最有趣的。不能走向结婚的恋爱也不一定都会在短期内结束。我可能会与别人维持长久的恋爱关系，也有可能选择同居或者不同居。只是不打算进入结婚这一法律制度，形成家庭形式而已。这与每个人所期望的生活方式也有关系。不结婚并不代表两个人的爱情浅薄，也并不一定是因为两个人有特殊的伟大理想。有可能只是想和对方的家人保持适当的距离，或者对以彼此的生活分离为前提的爱情关系感到很满意，又或者认为走不走向结婚没有太大区别等，也许存在各种各样的原因。

我是主要进行诉讼的讼务律师，可以说是各种人际关系最后阶段的见证者（在发生矛盾之前或正式展开争执之前审议案件的律师，因提供咨询被称为咨询律师）。因为反复出现矛盾之后最终决定依法处理，从而去寻找的人就是律师。可能是因为对亲自争吵感到了疲惫，从而找来律师替他争辩；也有可能是为了更好地进行辩论或者是为了减轻其中的伤害而拜访律师。不管怎样，我就是在做这种事情。

离婚案件、要求出轨方进行损害赔偿的案件、婚姻无效诉讼等，不停地处理这类案件，确实会对律师产生一定的影响。业界有一句玩笑话就是"未婚的律师在负责离婚诉讼后就不会结婚"，看来这句话也不是毫无根据的。婚姻关系是一种最隐秘的关系，同时也是伴随着很多责任与义务的法律关系。这种关系破裂的过程，确实充满了各种难以言喻的复杂心理，哪怕是最亲密的朋友也无法得知的夫妻间的问题，也有可能会通过委托人的言语或文件转达到我这里（处理此类事件时，当事人双方需要陈述最真实的故事，从这一点来看，对朋友讲可能会感到负担。因此离婚诉讼时不找熟人律师，而是找完全陌生的律师，也许是个很好的办法）。因对方而生的愤怒、憎恨与爱情交织在一起，甚至还会传递到作为律师的我这里。看多了人情冷暖，每次当我像小说家一样撰写婚姻诉讼公文的时候，都会产生"难道这就是婚姻吗""到底真的可以结婚吗"等想法。

结婚并不是像恋爱一样，以一句"我们分手吧"就能轻而易举结束关系，因为其关系受法律的保护。然而，即使没有了法律的保护，想要把恋爱时对彼此的信任维持到结婚以后，仍需要倾注很多努力。忽视这些约定的婚姻关系，不管是受法律的保护，还是在周围人的关注下，最终都会破裂。结婚是份契约，与恋爱相比，是一份需要履行更多义务的契约。在做好承担相应责任的准备时再决定结婚，是否会是一个更好的选择，我的这种想法越来越强烈。

销声匿迹，是多么的混蛋

·拒绝履行契约时应具备的礼仪·

"我这算不算被甩了？"

许久未见的朋友O邀我去吃早午餐，然而看到了脸色苍白、双眼红肿的O坐在那里长吁短叹。之前也听说过她的恋人忙得不可开交，看来他们的恋爱关系确实出现了很大问题。我若无其事地问道："怎么，分手了吗？"然而她的回答却是："我也不清楚。"在将近一个月的时间里，她的恋人都对她表现出一副爱搭不理的样子，只是反复说道："我现在很忙，一会儿再联系你。"

"他说他很忙，所以我就忍着不联系他，干等着。"O努力地保持平静，随之又哽咽着说，"他好像是在诱导我提出分手。"O表示不知道该怎么办。我暗自觉得她的恋人似乎在用一种卑鄙的手段，然而为了照顾O的情绪，我也只能说："可能是真的很忙，我们再等等看吧。"

世界上最残忍的离别

世界上最残忍的离别到底是什么呢？当然，恋爱中的对方爱上另一个人而导致分手的"换乘式离别"也属于一种残忍的离别，但是很多人认为最残忍的离别，是不做任何决定，没有任何消息，令对方一直等待直到分手的"潜水式离别"。当然，如果生活过于劳累，我们有时的确会产生想要逃跑的想法，想从很多与自己相关的事情中逃离出来，想要休息，甚至想要重置一切。但在这种情况下，如果不给与自己建立深厚关系的人留下任何信息就逃离，被"拒之门外"的对方受到打击之后可能会留下难以愈合的伤口。

签订契约时，人们认为只要订立了契约书，契约书的内容就会自动完成，然而并非如此。契约是对各自应履行的义务进行协商的结果，因此如果想要契约成立并顺利进行，契约当事人必须履行各自的义务。从这一点来看，履行契约是一件相当需要意志力的事情，什么都不做反而是一种违反契约的行为。但是随着时间的推移，如果对方不仅没有履行义务，你甚至无法联系到对方；需要对方履行义务时，他只是以"不知道"或"什么都不做"的态度贯穿始终呢？或者他突然提出莫名其妙的要求，耽误时间呢？"潜水"就像是停止履行契约一样。

潜水式离别会令恋爱的对方陷入无尽等待之中。沉寂的短信、无法打通的电话、社交网络上明明在线却没有回复的私信，平时都可以联系上的其他很多种沟通方式都显示出"拒绝"时，等待的人会感到痛苦不堪。因为并没有明确地听到"分手吧"，在恋人"潜水"时，对方会独自想象着各种各样的情节并陷入苦恼之中，从而会长吁短叹地说出"他好像有时需要属于自己的时间"或"他好像最近忙得不可开交，所以经常联系不上他"之类的话。如果一方想联系，而对方回避沟通、拒绝联系，则会陷入"他到底在哪里，在做什么，有没有想我，我和他到底是什么关系"等疑虑，就这样，被"潜水"的一方迎来了内心极度不安，并足以动摇一切的时期。

如果对方说："我们需要一些时间冷静一下。"你至少会预感到分手时刻临近，不安和痛苦的程度会有所减轻。但是用"需要时间"来取代"分手"，也是一种对对方不够体贴的行为。所谓的"需要时间"是需要设定期限的，在此期限后，是宣告关系结束，还是整理感情重新开始。"需要时间"是为了决定下一个阶段的走向而存在的，绝不等同分手通知。

没有分手但也没有在交往

如果突然拒绝对方的联系并进入"潜水"状态，恋爱关系虽然明显被瓦解，但形式上仍在维持着。如果在没有任何通知的情况下，自以为分手成功，那就大错特错了。恋爱中也需要有解除关系的明确表态。自认为通过逃离给了对方充分的信号，期待着对方察觉并能就此分手，但如果对方依旧在苦苦等待该怎么办？这种情况经常发生。

不明确表态就能分手的情况也是存在的，双方会在某种程度上达成协议，默认已经分手，从而逐渐失去联系。也就是说，只有在达成协议解除的情况下，作为默认的表态才能认定为解除成功。如果只是自己单方面突然拒绝履行作为恋人应履行的责任与义务，即进入"拒绝履行状态"，仅凭这一点也不能认为关系终结。在这种情况下，尽管自己认为已经分手成功，在"潜水"时期与他人开启了一段新的恋爱，但仍是处于与两个人谈恋爱的"劈腿"状态，而不是"换乘"或"潜水"。

如果签订了契约，并不能只因一方不履行其义务就轻易解除。如果不是在相互达成协议的情况下解除契约，则必须给不履行义务的对方一个限定期限并督促其在此期限内履行义务，若对方不履行义务，应向对方通报将解除契约。如果不以该过程为前提，就没有权利解除契约。如果对方明确表示"我根本没有履行契约的想法"，这称之为"拒绝履行"。此时，收到拒绝履行意向的一方就可以在不进行通报的情况下立即解除契约。

举个例子，如果你在网上订购了一件有些昂贵的物品，然而超过预计的配送期限，很长时间还未收到货，你会怎么做呢？漫无止境地等待到身心俱疲，打电话给商家也无法接通，在网站上留言表示抗议也没有得到商家的回复，该怎么办呢？好不容易联系上了，商家却回复："你的态度太差，不想卖给你了。"又或者当你询问"我的物品为什么还不到"时，商家回复："那件物品已售罄，无法发货。"这时，我们会立即要求取消订单，申请退款。以拒绝履行或者无法履行为前提的解除契约就是指这种情况。

无论是男是女，都会有想要一个人静一静，在只属于自己的房间里独自整理思绪的时候。进入"洞穴期"本身不是问题，重要的是对恋人采取什么样的态度。无论是在恋人关系还是其他关系之中，本来关系很融洽，突然失去联系或拒绝沟通，真的是一件无礼的事情。然而这只是维持关系的意志问题以及礼貌问题，与个人的本性毫不相干。

"什么都不做"的态度在恋爱关系中无法解决任何问题。这只不过是希望对方能够自觉地整理与自己的关系并转嫁责任的行为而已。在此期间，苦苦等待的人会心如刀割，自尊心降低，这也是对已经恶化的事态逃避责任的行为。如果不想与对方继续维持关系，就不要拖延时间，导致对方身心俱疲，应积极地整理关系并请求对方的谅解，这样对彼此都有好处。

面对拒绝履行义务的恋人，有发言权的只有被"潜水"

的一方。我们可以理解为"潜水"状态中的恋人已表明了结束关系的意思，因此被"潜水"的一方可以随时准备分手。即使在对方不在的这一期间和别人约会或者开启一段新的恋爱，"潜水"的人也不能指责他。因为是"潜水"的一方先不履行作为恋人应尽的义务，所以"潜水"的一方就是导致恋爱关系破裂的罪魁祸首。是与"潜水"的一方结束关系还是继续等待，则是被"潜水"一方的选择。

比起"潜水"，应拥有调整关系的时间

如果压根没有回到恋人身边的想法则另当别论，但如果只是想短暂地休息一下，至少有必要告知对方自己的状态。比如说，规定一个时间，可以告诉对方："我最近忙得不可开交，没有余力，可能会经常联系不上。大概过两周就可以恢复，你可以等我吗？"如果到了规定的时间还没有调整好自己的状况，则不该盲目地指望对方善解人意地继续等待自己，应提前联系对方，主动表达希望延长期限的要求，这也许是一种减少争吵的方法。

当然，也有可能存在实在无法避免的情况，认为此情

况下两人绝对无法达成共识，因此郑重地请求恋人理解通融，然而对方可能仍然无法理解。如果是这种状态，平心而论，也许以无法达成共识为由分手是最好的选择。如果已经向对方充分请求对情况的理解、通融，但仍没有协商的余地，且各自的情况在一段时间内也没有变化的可能性，那么与其说是感情出现了问题，倒不如说是因为两人观念不和而产生了矛盾。

如果恋人表示可以接受断绝联系的状态，并提出了最低时限的要求，但你却连最低限度的要求都无法满足的话，该怎么办呢？在这种情况下，应该反思一下自己，承认自己没有时间谈恋爱并准确地认识到自身的不足。如果很幸运地，恋人表示能够理解并决定忍耐那段时光，则应充分表现出对恋人的感激之情，并以最大的努力回报恋人。相反地，如果恋人表示无法接受，与其令对方备受折磨，不如为了彼此选择分手，或者考虑一下自己的要求是否过分了，并以最大的努力做出妥协或弥补。

在普通的契约关系中，如果与对方已经形成了一定程度的信任，则有时会延长交货日期，有时还会允许赊账。

即使没有遵守契约，也不会立即解除，而是考虑对方的情况，稍微放宽条件从而完成契约上的义务，这种方式在很多时候对双方都有利。在此过程中，重要的是需要如实说明自身的情况，且应具有责任心并认真履行新提出的条件。如果从一开始就能遵守承诺是再好不过的事情，但是"不可避免"的事情也总是会发生的。

还需要记住一点：当你因故无法履行契约时，对方体谅你的难处，只是出于感情和信赖，并不是对方天经地义的事。毕竟对方也会因此承受一定程度的损失，而且，对方也有权利选择不手下留情并要求你必须履行契约上的义务。

人们的心灵受到创伤往往是由于对方打破了与我的信任，令我产生隔绝感。这样看来，即使几天都联系不上对方，如果相信自己和对方的恋爱关系不会发生变化，则联系不上对方时也不至于产生隔绝感。或者如果事先得到了对方的解释，比如对方提前说清楚了需要保持距离或无法联系的理由，则对方的缺位也不会转化为不安。这个问题终究是信任的问题。

我曾经建立过自己的标准来判断自己是否已经整理好对前任的感情。

喝到烂醉如泥时，也没有给对方打电话的想法。喝醉酒后给对方打电话，后悔的可能性很大。"我不能也不要想着给他打电话"，若是有一天，不需要这样刻意去控制自己的心，也完全想不起来对方时，我就会认定我已经忘掉了。

可以波澜不惊地回忆并谈论对方的时候，当分手后独自维持的那颗热恋的心开始逐渐冷却，当时间抚平了内心的伤痛，已经能够漫不经心地谈到对方，对我来说，"那个人"就只是曾经的过客了。此时我也就会认为自己已经忘掉他了。

热烈爱过之后的分手过程并不简单。即使已与新的对象开始交往，也偶尔会有突然想起他的时候，因此我比较重视离别的仪式——向朋友们诉苦；给对方写一封不会寄出去的信；将社交网络上的合照转换成仅自己可见；在社交网络上公开宣布我已分手，等等。试着创造出属于自己的仪式吧。

如果因为对方的"潜水式离别"导致无法明确是否可以进行"仪式"，那么，准备一场属于自己的离别仪式怎样？毕竟不能让对方无礼的分手方式抹掉我美好的回忆。

"换乘"，是"劈腿"还是"备份计划"

·双重契约的危险·

"如果你喜欢上别人了，就一定要告诉我，我会跟你分手的。"

一旦感觉到自己和恋人的关系已经成熟到了一定程度，我就一定会说出这句话。虽然说得很平静很洒脱，但实际上有一半是属于胁迫。我没有信心与一个心里有别人的人维持恋爱关系，一丁点儿都不允许。如果真发生了这种事情，我还毫不知情，会令我忍无可忍，因此这也是一种宣言，代表着到时候我会干脆选择分手。听到这句话的对方一致地露出了自己的爱情受到了质疑的表情，并表示很委屈，就像确信不会发生那种事情一样。

我觉得，对待对方的背叛给我带来的创伤或者我的背信弃义给对方造成的伤害，我们应该采取同样的态度，这样才公平。因此同样地，如果我对别人产生了心动，且感觉没办法再全身心投入到恋人身上时，我也会决定跟对方好好谈一谈。虽然不至于说"我喜欢上别人了，我正在跟他交往"，但至少也会说"我们分手吧"。因为恋爱是彼此只爱对方的约定。

"只许州官放火，不许百姓点灯"的最前线——"换乘"

前文也提到过，逐渐疏远当前的恋爱关系，且同时与其他人见面来往，慢慢与恋人分手，这种做法叫作"换乘"。如果有人说自己有开启另一段恋爱的想法，因此想要结束现在的恋爱关系时，很多朋友都会提出这样的建议："又不是马上就能跟别人交往，干吗要现在分手？先谈着，直到另一个人出现为止。"当准备"换乘"的人是我的朋友时，我会秉承着"你还真聪明"这种想法来支持她的判断；但是如果我的朋友是"被换乘"的那一方，我就会用尽一切可用的词语一起骂对方，"怎么会有这么无礼的人，这不就是劈腿吗？"在恋爱关系中，可以说"换乘"行为处于"只许州官放火，不许百姓点灯"①的最前线。

那么，究竟应该把什么叫作"换乘"呢？难道"劈腿"只是"换乘"的另一种说法吗？从现有恋爱的稳固程度、新一段恋爱的开始以及进展来看，叫作"换乘"的行为可以分为三种：

第一种是现有恋爱明明很稳定，然而一方在与另一个人开始了新的恋情之后再与现有恋人分手。实际上，这种情况虽然结局是"换乘"，但是与其说是"换乘"，倒不如说是"脚踏两只船"更为合适。只是脚踏两只船的结局是以"换乘"的形式体现出来而已，我觉得这样理解更为妥当。

简单地说，就是恋爱谈得好好的，在明明有恋人的情况下还与另一个人开始谈恋爱，并在两者之中选择一方。如果选择继续与现有恋人交往，则会变成外遇；如果选择与新的恋人交往，就会变成"换乘"。这时，如果对新的恋人保密自己正在谈恋爱的事实，则"换乘者"实际上就

---

① 译者注：原文为"我做是罗曼史，别人做就是出轨"。这是韩国的一种网络用语，用来代表双标。本文用"只许州官放火，不许百姓点灯"代替。

是在欺骗新的恋人，因此一旦被发现，就必须独自承担双重的谴责。这可以说是非常有风险的行为。

第二种是现有恋爱没有终结，但是以关系疏远为由开始吸引周围人的视线，并在新的恋人的容许下脚踏两只船，之后逐渐整理现有恋爱的情况。这时，新的恋人就成了"换乘者"的帮凶。这种方式的"换乘"的确经常发生。在这种情况下，"换乘者"相当于有了"换乘"行为的可靠支持者，只要接受现有恋人的谴责就可以了。

但是，新的恋人对"换乘者"的信任会达到什么程度，是个未知数。因为"换乘者"的新恋人从恋爱一开始就知道了"换乘者"任何时候都有可能再次遇到新的恋人并再次选择"换乘"。可以信任"换乘"过来的对方吗？或许很难相信这个人会一直停留在自己身边吧。

第三种是现有的恋爱实际上已经到了破裂的边缘，只是没有明确表示出"我们分手吧"这种解除关系的态度，在默认恋爱关系即将结束的情况下寻找新的恋爱对象的情况。难以承受分手后的孤独的人主要会选择这种方法。在与现有恋人几乎不见面，彼此失去联系的期间，告诉周围人"自己实际上已经分手了"并进行相亲。找到新的恋爱对象后，"换乘者"才鼓起勇气结束现有恋爱关系。在此期间，这类人会对新的恋爱对象说"请稍微等一等"并放慢恋爱交涉的节奏，与现有恋人整理好关系后，再慢慢与新的恋人发展为恋人关系。

准确地说，这种情况并没有出现恋爱关系的"重叠"，因此称为"换乘"有些过于牵强。虽然明明是与前任的关系结束之后立即与新的恋人开始了恋情，但是这也并没有违反所谓排他型关系的恋爱大原则。另外，也存在无法明确"换乘者"是否在现有恋爱期间寻找新的对象的情况。因为爱情总是会在某一瞬间突然出现。

我们很难对破裂的感情彻底结束之前接受追求或物色新对象的行为进行指责。但是，在关系明明还没有结束的情况下，先与新的对象结成恋爱关系，再整理与现有恋人之间的关系，更换对外公开恋爱关系的人，即"换乘"的行为，我认为这是一种对现有恋爱对象的严重背叛。虽然爱情是无罪的，但这种情况也应该受到指责。因为在某种程度上，一次恋爱关系只应与一个人形成，这已经是一种社会共识。

身边"换乘式离别"的案例比比皆是，面对明明没有激烈争吵过还提出分手的恋人时，我们往往会抑制不停追问的心情，坦然问道："你是不是有新欢了？"其实内心有一连串疑问："你是在'换乘'吗？打算在跟我道别后笑着给别人打电话吗，打算跑去找那个人吗？"

我曾经也在分手的瞬间问过对方这个问题。虽然这个问题的初衷是为了在对方承认的情况下，彻彻底底结束目前的关系；但似乎也是想借此机会指出对方道德的问题并加以指责。说实话，我很想说："破坏了我们之间信任的人正是你，我们分手完全都是你的错。"因此在分手时，我还是无法收起种种疑虑。提出分手的恋人，第二天牵着新欢出现在我的面前。之后交往的人也听说在和我分手后一个月就有了新的恋人。在连续经历了几次不知道是不是"换乘式离别"的分手之后，我才意识到："虽然被'换乘'的我因感到背叛而出离愤怒，但对他来说这也许是一个明智的备选计划吧"。

在被"换乘"后的一段时间里，比起我曾经爱过的恋人，我更恨他新认识的那个人，且久久不能原谅。明明是我的前任打破了我们之间的关系，但我总感觉自己就像是个被抢走玩具的孩子。与其让自己接受恋人不再爱我的事实，不如认为恋人是被别人抢走的，这是不直面恋人对我的感情已经褪去的好方法。

但其实这是无视恋人自由意志的行为。我这么做就好像是他们之间的爱情并不实存，他们之间的承诺并不存在、无任何价值一样，是一种蔑视这一关系的行为。我不是小孩，且恋人并不是我的玩具。他的新欢和我也并不是竞争的关系，只是我的恋人顺从了自己的内心去寻找了更加适合的对象而已。他并不是以决定破坏与我的约定为目的才有的新的恋爱对象。这只是我和他之间的问题，并不是我和他的新欢之间的问题，更不是我们三个人的问题。

无法向第三方主张权利

在普通的契约中也是，不能因为在契约解除的过程中存在第三方就无条件地向第三方追究责任。若是第三方在明知对方已经签订了契约的情况下，仍与一方签订了妨碍两者之间的契约，在此过程中，只有在第三方与契约当事人中的一方积极地合谋或者以利用、胁迫、欺诈等违反社会秩序的方式，以给另一方当事人造成损失的想法介入契约等特殊情况下，他的行为才会被认为是违法且故意妨碍契约的行为。

比如，假设A受重要委托人的请求，必须得到特定的瓷器。A向拥有该瓷器的B预约，并表示将支付巨额资金购入瓷器，但后来，接近B的C比A先支付了钱款并拿走了该瓷器。如果C对A的紧急情况毫不知情，只是听说有人预约而已，则A无法向C追究自己最终没有得到瓷器的责任。如果C知道B打算把该瓷器卖给A的事实后，出于妨碍的目的向B支付巨额资金抢走了该瓷器，或者B和C为了为难A而进行了共谋等，若此类异常情况得到确认，A不仅可以向B，还可以向C提出损害赔偿请求。但是从原则上讲，A向B索求损害赔偿更为自然且最为合理，因为B把约定好卖给A的瓷器卖给了C。

关于维持恋爱关系的义务与责任，基本上只存在于承诺此关系的两人之间。与恋爱相比，结婚则有一些不同。

在婚姻关系没有破裂的情况下，如果因一方的婚外恋导致离婚，则其配偶可以在离婚时向过错方请求损害赔偿。

但是恋爱关系并不像结婚那样会受到法律保护，只能算得上是两个人达成协议要交往的程度而已，基本上是自由竞争关系。尽管随着信赖程度的加深，相互之间要求彼此承担的责任会越来越多；但是第三者在明知对方有恋人的情况下仍与之谈恋爱的行为，除了在道德上被世人谴责以外，人们也毫无办法，因为恋爱关系并没有受到法律或其他规则的保护。因为不像结婚一样受法律的保护，恋爱关系中并没有向过错方要求赔偿的权利（只能依靠双方的道德和自律）。如果需要道歉的话，也应该是由"换乘者"即实际上劈腿的恋人来道歉，关于破坏关系的指责也应该指向他，而不应该是第三者。

信任是契约中极其重要的事情

有些契约，也有可能既要承担金钱上的责任，也要承担刑事上的责任。房地产交易就是属于这种情况。我国的法律体系对不动产是特殊对待的，因为不动产往往会涉及个人的全部财产。

　　房地产交易通常是以支付定金、首款、尾款的顺序完成交易的。如果在已经支付了定金的情况下决定不购入该房地产时，购买方没有权利要求返还定金。相反如果出售方想要解除契约，则应向购买方支付双倍的定金。

　　如果处于下一阶段，购买方支付了首款的情况下，此时出售方不能随意将该房地产出售给第三方。因为接受了首款的出售方有义务向购买方转移所有权登记。如果在已收到首款的情况下，出售方将该房地产出售给第三方并进行了所有权转移登记，则出售方触犯了相关法律，是一种违背委托人信任的犯罪行为。假如A委托B处理某件事情，然而B违背了A的信任，不仅没有做A委托的事情，还利用此事获取了利益，因此当A蒙受了损失时，B就违背了A的信任，需要承担相应的责任。这是所谓"一房二卖"相关的法理，也是经常会出现的违法行为。

　　恋爱有时候也是攸关人生的事，不妨拿房地产交易来比喻。在房地产交易中只支付了定金的情况，等同于在暧昧中关系有所进展，在这个时期只需礼貌地对恋爱契约的交涉对象说"感觉我们不是很适合"或者"我有别的暧昧对象了"来结束关系。由此引发的社会谴责也不是很严重。而且，自己的心理负担也不是很重。但是如果已经决定交往，或者即使没有明确说"交往吧"，关系却几乎达到了交往的程度，则相当于支付了首款。这时，两人的关系很难像暧昧时那样轻易地结束，因为已经产生了关系成立带来的责任。

已经支付了尾款的情况，则可以看作是正式信任彼此、开始认真交往的阶段。恋人正处于人生中重要的阶段时，如果没能做到加以鼓励，细心地理解对方状况并互相关爱等这些恋爱之中理所应当的事情，那么恋爱关系将会变得岌岌可危。相反，如脚踏两只船或毫不关心对方的状况等，这些都是背叛的行为，可以说是违背了作为恋人的义务。恋爱的人做出的行为应该以恋爱关系中最基本的信任为依托。在维持好双方对彼此基本信任的同时维系恋爱关系，是恋爱双方的责任与义务。

从这一点来看，恋爱何时结束意外地具有了很多道德层面上的含义。如果在恋爱接近尾声时很草率地与他人暧昧，并心想"都到这种程度了，和这个人的恋爱也算结束了吧"。从而在没有与现有恋人整理好关系的情况下，和新的恋人开始了新的恋爱。现有恋人有可能会依旧认为目前还处于恋爱关系中，这就成为矛盾的种子。因为没有与现有恋人结束关系的人会变成"换乘者"或者脚踏两只船的人。

也有些人会认为，恋爱关系中的"换乘"没什么大不了。然而恋爱的"重叠期"给人带来的打击是非常严重的，不仅会给"被换乘者"造成无法挽回的伤害，还会让"被换乘者"乃至有类似经历的其他人怀疑这个人的人品。除非与新的恋人维持长久的恋爱关系，不然"换乘者"就会在朋友圈中被贴上难以信任的标签。恋爱是一种隐秘的关系，因此会成为衡量一个人人品的指标。"这个人连自己最亲密的人都可以轻易辜负"，身边人对"换乘者"类似的这种评价，也有可能会给想要与他签订契约的人带来负面的信号。因为在契约关系中，关于对方是否会按照约定履行契约内容、是否会努力维持契约关系等问题，信任也是个极为重要的因素。

"换乘者"，可以信任吗？

你可能会产生这种疑惑，"换乘者"的新欢会不会知道他在从前任转向自己的过程中，曾有一段同时与两个人约会见面的"重叠期"呢？如果知道了对方是从前任"换乘"至自己身边的话，对这位"换乘者"在维持恋爱关系方面的真诚程度，可以信任到什么地步呢？知道了对方是"换乘"至自己身边的，今后与他的恋爱会一帆风顺吗？就像"换乘"至自己身边一样，他会不会又"换乘"至别人的身边，是否会必然产生这种不安呢？

每个人都想知道恋人是因为什么与前任分手，这是因为根据这个原因可以推测出一些答案，比如在恋爱关系中遇到问题时，对方会坚持多久，以及是否想一起解决问题等。为了消除新欢的不安情绪，"换乘者"只能通过对新欢不停地倾注热情和诚挚，从而展现出自己为了维持关系而愿意付出努力。因为恋爱这一契约并不是通过一句"我们交往吧"就能完成的关系，而是需要通过两人之间感情不断地相互作用，并为了维持关系而努力才能延续下去的。

　　我初次分手，是在二十一岁那年春天，我向谈了很多次恋爱的前辈请教："你能忘记自己曾经爱过的人吗？"她的回答是这样的："不会，即使我爱上了新的人，有时也会想起前任、前前任。"知道了完全忘记是不可能的事情之后，我反而觉得分手并没有那么残酷了。

　　初次经历分手的时候，我觉得如果和这个人分手，就等于是要把我和他之间的美好回忆一同删除，因此很害怕分手。但是经历了几次分手之后，我明白了：包括分手在内的所有恋爱时光都是属于"我的时间"，不必刻意去删除。

　　分手的那一瞬间，那个人就已经不再是我需要全身心投入的人了。我只需要整理一下和那个人相爱的时光，并准备迎接重新开始的属于我的时间就可以了。没有必要因为舍不得过去的时光而容忍已经变得冷淡无比的关系，也没必要对背叛的行为睁一只眼闭一只眼。我和那个人在一起的时光终究也是我的时间。我不想用不幸福来填满我宝贵的人生。

离别也有阶段

·解除契约的多种方式与调解程序·

恋爱是一个需要双方不断进行交涉的过程。因此对彼此要求的条件会有所改变。在契约中，为了以防万一，在很多情况下都会添加"在相互协商下可以变更契约条件"的保留条款。这种条款能够赋予契约更好的稳定性。若彼此的情况发生改变，硬性契约无法变更，那么恋爱关系将很难维持长久。一直坚持着刚开始恋爱时要求的那些条件的恋爱，也很难维持很长时间。

恋人间人生节奏的快与慢

随着时间的流逝，人的社会地位会不断地发生改变，经验也在不断地积累，交往的人变得多种多样，人们也会逐渐改变。但如果不承认人是会变的，从始至终都坚持刚开始恋爱时制定的那些标准的话，就像一个慢慢发育的少年还总是穿着小时候的衣服一样，会感到不适。

因此，恋爱有时也需要休息，也需要通过努力重新调整并建立符合两人现状的关系。仔细感知对方的变化并随之调整，这种恋爱的关系才能长久，即使不谈契约的稳定性，这也是在恋爱过程中理所当然的事情。

曾是校园情侣的两个人，若其中一个人先步入社会，两人的关系就会容易破裂。在我们身边，这种校园爱情毕业就分手的事例屡见不鲜。步入社会的一方会先恋人一步经历在学校里没有经历过的那些好的、坏的、令人痛苦或心动的事情，在充斥着灯红酒绿、人情冷暖的现实社会中，被自己无法控制的各种日程所左右。好不容易抽出时间约会，还是学生的恋人却依旧在讲述发生在学校里关于朋友、学分以及教授的故事，两人生活的节奏慢慢产生了巨大的差异，因此话不投机。因为对于步入社会的人来说，学校的故事只是过去式，根本不是现在值得关心的事情。再加上，恋人不仅不理解自己费尽心思腾出时间所做的努力，不理解自己初入社会的辛苦，甚至还会抱怨约会次数变少，心里就会慢慢产生芥蒂。

另外，目前还是学生的一方会感觉步入社会的恋人不再对自己的故事产生共鸣，会突然像"大人"一样对自己指手画脚，让人感到心里不是滋味，总感觉与恋人的关系里出现了一堵看不见的墙。恋人好像不再像以前一样处处关心自己，约会时也是满面的倦容，实在是让人感到委屈。

越是这样的时候，我们越要意识到，彼此的情况已经发生了改变，并且要有能够承认并祝福彼此成长的心；同时还要改变现有的约会模式、重新设定关系，努力做出新的承诺；否则就会慢慢对彼此感到心灰意冷，最终走向分手。

恋爱关系是非常亲密的人际关系，如果彼此的生活节奏不一致，就会很容易分手。两人的生活节奏不一致时，对彼此的要求可能会有所改变，也有可能因为身处的环境而产生心态上的变化。因此如何适应对方的节奏、理解并支持对方显得尤为重要。无论是得到了社会上的成功还是金钱上的富足，都不应该懈怠，应该为了精神的丰富、更加幸福的人生而努力创造条件，为了让两个人更好地在一起而努力。

存在美好的分手吗

刚开始恋爱时，"他喜欢我，我也喜欢他"的这种心有灵犀的感觉，会令人胸口一阵酥麻，即使紧闭着嘴，笑容也会不知不觉间流露出来。然而这样的爱情也会在无形中褪色，即使看着曾经给自己带来这种感情的人，也会像徐仁英的歌曲《分手吧》中的歌词一样，"即使习惯性地亲吻，也感觉像沙子一样粗糙"。时间的流逝有可能会让两个人的关系变得疏远。

分手的理由和开始恋爱的理由一样，各不相同。而且，犹豫到底要不要分手的理由也多种多样：很喜欢但同时也感到煎熬；已经不再喜欢但又对共同积累的回忆感到可惜；舍不得花费在这段感情里的时间与金钱；分手后担心自己过得不好，害怕孤独；对方目前处于很重要的时期，怕这时提出分手会给对方造成打击；即使分手了也没有其他要交往的人，觉得没有必要现在分手……出于以上这些理由，是否分手会令人犹豫不决。

当彼此的人生交织在一起，自己却感到酸楚，感觉向下沦陷的时候；关系出现了问题，想要改变这一切的时候；

又或者已经确信对方不再爱自己的时候，我们会想到分手。有的时候，明明没有任何争吵，还是觉得感情摇摇欲坠，就像 IU 的歌曲《爱情不太顺》里的歌词一样——"爱情不太顺，回想起美好的日子，就算耳鬓厮磨，相拥而吻，还是事与愿违。"离别总是会突然降临到我们身边。当然，也有可能存在这种分手：比如怒火中烧，再也不想见到对方，觉得只有立刻断开与对方的关系才会使自己心情舒畅；或者极其讨厌因为对方而束缚自我的自己，想逃离现状而选择分手等。

那么什么样的分手才是美好的分手呢？是那种两人的关系已经变得毫无实质可言的，在只剩下一个空壳的情况下力求关系终结的那种无可奈何的分手吗？还是在仅存的好感即将消失前，保留最后一丝好感的情况下的分手呢？还是双方依然互相喜欢，却因为种种问题无法继续在一起而理性分手呢？所谓美好的分手真的存在吗？我们并不能定义哪种分手是美好的，因为在分手前面追加"美好"这一词，已经很矛盾了。

不过，或许会有"有必要的分手"这一说法。不能再信任彼此，做任何努力都徒劳无功，内心早已失望凉透到不想再做出任何努力，继续在一起会受到威胁，若你处于这些状况，那么分手很有必要。

恋爱中的债务不履行

如果将恋爱比喻为契约，则对恋人的权利可以看作是一种"债权"。债权是指债权人可以对债务人要求为或不为一定行为的权利。该权利的相对人所负的义务称为"债务"。在日常生活中，一般有需要偿还的欠款时，在狭义上我们称为"有债务"，然而广义上的债务包括契约上我方应承担的全部义务。如果没有履行契约规定的债务时，称为"债务不履行"。发生债务不履行时，契约相对人可以解除与不履行债务的一方签订的契约，如果因债务不履行而造成损失，还可以要求赔偿损失。

所谓契约，就是契约当事人有做某种行为的义务，相反地，也有不做某种行为的义务。如果代入恋爱之中，关于做哪种行为的"债务内容"是交往的两个人之间的约定，因此可能会出现千差万别的情况，但偷情，至少应该属于不该做的义务范畴。

虽然我们是为了遵守契约才做出承诺，但是如果已经处于无法遵守约定的状况中，不管再怎么勉强对方，也只会使双方所处的状况或感情进一步恶化，最终，承诺也无法实现。就契约而言，如果一方不及时履行义务（延迟履行）、没有完美地履行义务（不完全履行）、没有能力履行义务（无法履行）或宣布不履行义务（拒绝履行），陷入多种多样的债务不履行状态，也许解除契约可能会是更好的选择。因为，即使继续维持契约，最终也无法达到签署契约时双方协商一致的目的。

试想一下我们定购手工包的情况。如果约定好了取包的时间，当天却发现包只是刚刚完成皮革裁剪工作，还需要等待一个月，由于对方未能在约定的期限内履行义务，所以属于"延迟履行"。如果对方给我的手工包，但做工很差，接近于残次品，那么虽然对方遵守了时间期限，但由于物件质量没有达到要求，这种情况属于"不完全履行"。如果是因为负责制作的职员已离职，工坊里目前没有人可以制作我的包，则目前就是处在不能履行义务的状态，因此属于"无法履行"。如果突然告知我包的价格制定有误，我所支付的价格无法给我定制手工包，因此需要追加费用，则等于是表明了不打算在承诺的价格和期限内履行义务的意向，属于"拒绝履行"。像这样，在契约关系中有可能发生多种多样的债务不履行状态。

当然，在恋爱关系中不能像定购包一样，以某种特定的行动为标准来追究是否存在债务不履行，但是可以将为了维持关系双方相互努力的义务比作一种抽象的债务。我们简单地进行举例：已约好见面，然而一方一直打破与恋人的约定，说："对不起，我们不是经常见面吗？"并另约别人。遇到困难时想要依靠恋人，但对方只知道说一句"我也很累"，从不倾注自己的关心和爱；见面约会时恋人总是露出厌世的表情，不管见不见面，都依旧过着自己的生活，从不把对方当作他生活中的一部分；又或者干脆断绝联系，或者与别人偷情，或者向恋人恶言相向或行使暴力……在这些情况下，维持恋爱关系这一契约还有任何意义吗？

再次回到手工包的故事，我们思考一下。如果对方在约定的时间内未能完成手工包，则应重新约定时间期限，并向对方表示在此期限内若不能提供成品，则不会付尾款；若超过这一期限后仍未收到成品，则可以取消订单并要求退订金。如果对方提供成品手工包，然而却发现了瑕疵，应要求进行修补；如果对方拒绝修补，则可以从手工包的价格中扣除预计需要修补的费用后再进行支付（订购手工包时，事先明确退款或修补相关的约定非常重要）。除此之外，完全无法制作手工包的情况或者突然要求追加费用并拒绝制作包的情况，与其要求工坊继续制作手工包，不如要求返还我已支付的费用，这才是明智之举。但是，如果工坊已经给你提供了完美的成品，你却试图压低价格或以改变心意为由坚持拒绝买包并要求退订金，这种情况并不可行，工坊可以要求我支付货款。

恋人关系中出现问题或失去信任时，若想继续与对方在一起，就会期待对方道歉并改善特定问题。如果道歉仅仅是嘴上说说而已，反反复复出现同样的问题，那么要求他改正错误，就会变得毫无意义。也有这种情况，可能连道歉的机会都不会给对方。因为，想挽回已经失去的信任，不仅犯错误的一方需要努力，受害的一方也要为重新相信对方而付出很多努力。所以确实存在分手是唯一解决方法的情况。

分手的软着陆

正如恋爱的开始与契约成立的过程相似，分手与契约解除的过程也很相似。因为在两个人约定建立关系后，若认为很难再继续维持良好的关系时，就会协商解除契约，或仅根据一方的意向而解除契约。但是从原则上来说，在契约中违反约定的人，即负有解除契约责任的一方不能请求解除契约。

《合同法》的这个宗旨与普通人的想法很相似。我们一般认为，犯错误的人应该保持沉默并等待被受害者处置。比如说，在婚姻的关系中也一样，有过错的一方对自己的配偶提出离婚诉讼，一般很难胜诉。因为离婚诉讼在原则上是没有过错的一方对过错方提出请求时才会被接纳。当然，即使是有错误的一方，向法院提出离婚诉讼后也有可能胜诉。这限定于非常罕见的情况下，比如对方也没有想要维持婚姻的想法；有责方对子女或配偶的保护和照顾程度达到可以抵消错误的情况；受害方所受到的精神上的痛苦已经缓和，认为追究对错已经毫无意义。在这些情况下，过错方起诉离婚则有可能胜诉。然而恋爱关系并不是被法律以及社会所保护的关系，因此即使对方没有犯任何错误，只要一方想要终止维持恋爱关系的约定也可以立即终止关系，这一点与普通的契约有所不同。

前文也有所解释，解除契约意味着契约的所有部分均失去效力，一切恢复到原始的状态；终止契约是指到目前为止已经进行的契约关系必须被有效地承认，仅消除今后应履行的约定。像买卖物品的契约这种暂时性契约，可以采用解除契约的方法，退款并归还物品即可，但是像房屋租赁这种需要持续维持契约状态的情况，解除契约并不能让一切都恢复到原始的样子，可以采用在居住的同时支付使用费，并终止以后的契约关系，这就是终止契约。契约的终止仅限于这种持续性契约的情形。

在恋爱关系中，因关系闹僵导致分手，关系同样无法恢复到没有恋爱时的状态，从这一点来看，恋爱关系只能

"终止"而不能"解除"。解除恋爱关系后，今后可以不再继续维持恋爱关系的承诺，但你也不得不承认迄今为止彼此为对方做过的事情。当然，顺着自己内心的想法，将噩梦一样的恋爱对象完全从记忆里剔除也是有可能的。

结束契约的方式大致有两种：一种是双方进行了解除契约的协商或者签订了解除契约从而结束契约；另一种是接受法律的帮助（解除与终止，在法理基本上相似，因此后文将以解除为标准进行叙述）。双方达成协议解除契约后，也有可能存在尚未厘清的矛盾，从而请求法院进行调节；一方先表现出解除契约的意向，然而对方不同意的情况，也可以通过诉讼判决来解决。

恋爱中的两个人承认彼此的感情逐渐变得冷淡，从而协商一致后选择分手的情况与解除契约相似。一般来说，如果双方在协商一致下解除契约，则在法律上也就没有任何牵扯，双方感情也可以在纠纷加深之前得到整理。协商一致也代表了一旦出现问题时，双方都承认各自的错误并做出了些许让步，放弃对彼此的期待。对这段时间内投入的费用等经济问题以及如何梳理其他法律关系等问题，可以重新签订"'协商'解除契约所需要的程序的'契约'"。

在彼此不再相爱但也不至于互相讨厌的情况下，类似于签订解除契约一样的分手也会发生。因为并不是所有的分手都是在互相厌恶、水火不容的情况下发生的。例如，外界条件发生变化难以继续在一起（一方决定出国留学）；虽然彼此依然相爱，但是彼此所期待的未来并不一致（一方希望结婚，而另一方不想结婚）；依旧喜欢对方，但开始产生想要了解别人的想法等等，这些状况属于有签订解除契约可能的情况。

达成协议并决定分手的同时，可以回顾一下感情变得冷淡之前彼此有多么的相爱，聊一聊这段时间内感谢对方的事情或者感到遗憾的事情。你也许觉得这样做过于理性，但是通过这种方式，可以仔细回想过去的恋爱关系，且能够敞开心扉，不需要再去为了维持关系而看对方的眼色行事，也不需要再隐藏自己的内心，打开自己的内心，开诚布公地与对方交谈。

这一过程是治愈分手的过程，也可以说是为了顺利解除契约的调整流程。也就是说，关于分手的代价、需要返还的物品、此前没能说出口以及没能解开的很多问题，双方可以在此过程中交换意见并圆满地结束这场关系。

为了使分手"软着陆"，有时也会事先发出警告，所谓说出"我们谈谈吧"的时候就是这样。在法律关系中，为了能够留下这种意思表示的证据，通常会通过向对方递送内容证明。首先发出解除契约相关的通报，称："你违反了这样那样的契约，如果到什么时候为止依旧不履行将解除契约。"期限一到，就会再次递送内容证明做出解除契约的意思表示，称："即使我给了你这样那样的机会，但你仍未履行，因此以债务不履行为由解除契约。"在恋爱中，则需要坐下来认认真真向彼此袒露目前恋爱关系中感受到的不安以及问题等，并给予对方纠正的机会，并且告知对方如果不抓住这个机会，我们的关系就会直接走向分手，与此同时做好分手的心理准备。

默认的"协议分手"事项

分手并不一定需要明确地表示出来，也有心照不宣地分手的时候。契约中一般会有"默认解除协议"这一条款。

"默认意思表示"是指虽然并没有明确做出口头或书面上的意思表示，但因为态度消极，已经充分暗示了自己的想法。若只认为双方在契约中签订了存在默认解除约定的协议，仅单方面长时间不去履行任何义务，放任关系不管，是没有达到"默认解除协议"的标准的，应达到双方都没有履行契约的意向或完全放弃关系的程度才算。

例如，如果一方是断联并躲起来的情况，另一方还以"偶尔应该见个面吧"为由进行着联络，就不能认为双方已经达成默认分手的协议。如果彼此变得冷淡，即使见面也感觉关系变得很生疏，渐渐失去联络，当一方开始不联系时，另一方也会将此视为分手的意思表示，并同样断绝联系，做出与他人约会交往或告知周围亲友自己已分手等行为时，即使彼此没有说出"分手"二字，也可以视为已经达成分手的协议。

但是，默认解除协议在契约中也只有在非常特殊的情况下才能被认可。因为，在不向外界透露自己的真实想法的情况下承认达成协议并非易事。

举个例子，恋人 A 和 B 发生了激烈争吵后说："我不想再这样下去了，烦透了！"B 说："我也烦死你了。"
然后两人转身离开。如果那次争吵之后，两个人在一个月
的时间里都没有互相联系，这两个人算是在那天就已经分
手了吗？

如果这对情侣平时也经常吵架，并且每次吵架后都会
提到分手，之后各回各家，不欢而散，但过了一段时间又
开始若无其事地约会，甚至在吵架后长达两周的时间里彼
此都不联系却又能再次若无其事、愉快地进行约会。这样
的话，即使是在一个月的时间里彼此都没有联系，也很难
说是分手。因为并不清楚这是不是真的分手，也不能确定
对方当时说的分手是不是真心话。

然而，如果一对情侣相处多年都从未吵过架，或者不
管再怎么吵架也绝对不会提到分手，则上述这样的争吵以
及对对方的指责很可能会被理解为"分手"。由于没有明
确说出分手，不能完全排除只是极度愤怒的情况下说出气
话的可能性。所以，默认的协议很难得到认可。

就像开始恋爱时需要确定契约已成立的明确意思表示
一样，为了明确恋爱关系是否结束，在结束恋爱时也应表

达出解除契约的明确意思。因为模棱两可的态度可能只是

在延缓分手而已。

当上律师之前，我不太喜欢与人谈论有关钱的话题。因为感觉在提到钱的瞬间，自己就变成庸俗、斤斤计较的人，我总是被这种想法所困扰。但当上律师后，我明白了钱在人们的生活中占据着多么重要的地位，如果不能随心所欲地谈论关于钱的问题，生活将会变得多么不便且不愉快，有时还会因为不追究而蒙受巨大损失。

为了不吃亏或者挽回损失，人们都会去找律师。借钱不还、干了活不给工资、被人打了却不给医疗费或精神损失费、离婚了却不给抚养费……这些令人糟心的事情最终都演变成关于钱的问题。虽然律师的业务并不仅限于这些事情，但通过经手此类业务，我至少把自己从年少时的困扰之中解救了出来。

因为恋爱是生活的一部分，金钱问题也难免会被提起。但是在恋人之间提起金钱问题，却意外地需要相当大的勇气。如果可以自然而然地对金钱问题开诚布公，这种关系是再好不过的，但因为有可能会伤到对方的自尊心，也有可能会显得自己锱铢必较，因此的确需要小心谨慎。从这一点来看，约会存折是那些已经聊到金钱问题并且协商好了要一起负担约会费用的情侣办理的。他们会为了一起去旅行而攒钱，也会为了共同负担平时的约会费用而定期存款并一起使用。

在韩国，若以共同名义办理约会存折，在开设账户或注销账户时都存在一些麻烦，因为需要两个人一起去银行或者一方得到另一方的委托书才可以进行办理①。但另一方面，由于是双方共同拥有的银行存折，所以即使分手，在解决财产所有权纠纷时更为容易一些。另外，银行也存在另一种账户，是以个人名义办理的，但同时可以与他人共享交易明细。这样两人都可以清楚共同账户里的金钱来源与走向。

约会存折毕竟涉及金钱的问题，因此会产生关于各种各样问题的争吵，如存款金额的比例；一方并没有如约将钱存入账户；一方随意使用约会存折里的钱；分手之后的

---

① 中国的银行账户只能以个人名义开户。

结算；一方以约会存折是自己办理的为由，将剩余钱款全部据为己有。

那么约会存折里的存款到底属于谁呢？这时最重要的是两个人以什么目的使用约会存折。假设两个人按照约定的比例定期将约会费用存入账户，且约定只为双方所使用，绝对不用于其他用途；节日和纪念日相互交换的礼物，应是各自单独花费，属于约会存折之外的费用。若某一方擅自取出约会存折里的钱为自己所用，之后需要补上。这样的话，如果分手，可以要求从约会存折里按照两人的比例返还金额，如此就更加明确了。

如果分手后存折所有者将账户注销，然而剩余存款却没有按照比例返还给对方，而是自己将其全部挥霍掉，从理论上来讲，有可能构成犯罪，但由于是小额资金，即使对方提起诉讼，调查机关也很有可能只是规劝并进行协商，要求返还对方的份额，而不起诉。尽管从法理上看，这分明就是违法行为。

但也可以通过民事诉讼要求返还资金。这是为了共同使用而存入的资金，因此在消费后剩余的金额中，可以按照自己存入的比例要求返还。但是由于民事诉讼应由提起诉讼的原告提供证据，比如：约会的费用均来自约会存折支付、两人会定期存入指定金额、约会存折里的资金没有用于其他用途等。

相反，如果是你的恋人对约会费用感到了压力，你想给对方补贴，以此为目的开设了约会存折，则主要以存折所有者为准来进行结算。如果存折所有者支出约会费用以及其他费用时并没有区分自己的其他存折和约会存折，而且另一方平时也没有提出任何问题，该怎么办呢？在这种情况下，由于约会存折并没有明确限定使用于某种目的，即使分手，贪污罪成立的可能性也很小，也很难直接从余额分离出对方存入的资金。很难将感情问题升级为刑事问题，因此"到底以什么目的使用了约会存折"才是核心问题。

分手后仍需善后工作

·赔偿损失与恢复原状·

分手后将与对方的合照撕碎并烧毁，取消社交网络上的朋友关系，删除电话号码或者拉入黑名单，有些人用这种方式，就像对方与自己从未见过，且给自己留下只有分手瞬间的痛苦一样，将一段恋爱埋藏在心底。

还有些人为了抹去彼此的痕迹，把曾经收到的东西都邮寄给对方或者直接还给对方。放在彼此家里的物品，比如牙刷、睡衣、混在他的换洗衣服里之后被他叠得方方正正的一只袜子、基础护肤品、放在洗脸盆边上生锈了的发针等，也都扔得一干二净。除了这些琐碎的东西，彼此交换过的各种情侣单品、作为礼物收下的昂贵的物品，这些东西的处理也会成为很伤脑筋的事情。

分手结算

分手后，为了要求返还恋爱时送出的物品或金钱，有时还会有提起诉讼的情况（如果是准备结婚却取消婚约的情况，可以对解除婚约负有责任的一方提起损害赔偿诉讼，这一点另当别论），一般都涉及名牌包或名牌腰带、皮鞋等昂贵礼物。作为礼物送出去的物品实际上属于赠予，因此很难要求返还。"这是在我们交往的前提下给你的，分手时还给我。"送给恋人礼物时，我们几乎不会这么说话。

借给或赠予对方巨款的时候也会存在问题。如果对方不主动返还，在最坏的情况下，我们为了赎回巨款还要提起返还诉讼。然而即使提起诉讼，也只有在借贷关系明确的情况下，我们才有可能赎回。因此在恋人之间，最好不要轻易建立超出自己承受范围的金钱交易，除非是一些觉得不收回也没关系的小金额。且如果要借钱给对方，即使是恋人关系也要出具借条，恋人关系是很容易被认定为赠予的亲密关系，因此在借钱的时候应更加慎重。

原则上，解除契约之后，应将与契约相关的内容恢复到签约之前的状态。就像买了东西时，收到退款并归还东西一样。如果接受的东西不能归还时，也应该用与它价值相当的金钱予以返还。但是，恋爱即使终止了关系，也不能回到没有遇见对方的时候，即不可能恢复原状。但尽管如此，我们还是会以为恋爱结束后应该恢复原状而做出某些行为，比如收回彼此交换的物品，对恋爱期间的金钱进行结算，等等。虽然不可能回到最初，但这样做至少会让我们心里舒服一些。

关系一旦结束，事情就会演变成"到底谁对关系终结负有责任"等争吵，以及彼此之间有多少礼物来往等问题。由于损害赔偿的目标是补偿受害者在法律权益上的损失，所以，损害赔偿权利人最多只能得到那些如果契约没有被破坏时原本应该得到的利益，或如果没有签订契约就不会发生的那些利益损失而已。

分手后需要回顾的时间

谈到分手留下的伤痕时，有些人会自责说："归根结底都是我的错。"也有些人只会指出对方的不足之处，说："所有的一切都是他的错。"但是在恋爱过程中，完全只因单方面的过错而导致关系破裂的情况并不多见（当然，在发展成暴力等犯罪行为的时候，究竟由谁引发的事态并不重要，因为终究是施暴者的过错）。所以，分手后反思关系的过程变得非常重要。

分手后回顾那段时光是一件自然而然的事情，因此我们会通过各种各样的方式来抹去对方的痕迹。将上传在社交网络上的合照删除或转换成非公开模式；解除好友关系等。这样做的时候，无意中就会开始回忆起过去的时光。有时会后悔不该分手从而伤心欲绝，有时也会陷入与对方可以再次相爱的错觉之中，但结束了就是结束了。因此，我们见到朋友时，会诉苦道："我对他那么好，他怎么可以这样。"有时又假装自己很了不起的样子，说："该结束的都结束了，现在我心情很舒畅。"有时又后悔道："回想一下，其实他也挺好的，是我当时没有意识到。"整理好过去的回忆，也就结束了"分手"。

在契约中，如果出现因各种原因无法继续维持契约的情况，我们会回顾在履行契约过程中与交易对方是以何种方式去履行契约的。在此过程中，我们有时会意外地发现，其实自己并没有多大的损失，甚至也会发现自己的错误，有时也会意识到对方比想象中还要糟糕，有时还会发现曾经费尽心思撰写的契约内容自己已忘得差不多了。

解除契约后，追究到底是谁的责任，可以要求负有责任的一方赔偿损失。但是，通过法院请求损害赔偿时，法院会根据受害方是否有过错从而决定是否减少损害赔偿的金额（称为"过失相抵"）；如果解除契约会给受害方带来利益，就会在请求损害赔偿的金额中减少该部分所获利益（称为"损益相抵"）。在这样的诉讼过程中，人们就会吸取经验教训，明白下次与他人签订契约时应注意什么、衡量什么。

在结束恋爱关系时，像物品购买契约或租赁契约这种交易同样要求对方用钱来赔偿损失的做法多少有些奇怪。如果不是因为对方犯了道德上无法容忍的错或触犯了法律，最好不要用钱来要求赔偿因关系破裂而带来的心灵创伤。毕竟相爱一场，以分手为契机，可以回顾在过去的关系中自己得到了什么、失去了什么，获得心灵上的成长，让自己在下一段恋爱中做得更好。

原则上应向契约对方请求损害赔偿

在原则上，所有的债权只能向与自己签订契约的另一方请求。虽然在契约中也存在中间人或证明人这种三角关系，但一般来说，契约是两个人的事，要向契约对方履行义务，并接受对方的义务。同样地，损害赔偿也应向给自己造成损失的那个人提出。

同样，加害者应向受害的那个人道歉，并为恢复其损失而做出努力。偶尔有这种情况：著名人士给特定人物带来了损失，但并不是向对方表达歉意或者为恢复对方的损失而进行赔偿，而是在媒体前举办记者会，向大众道歉说："因我而引发众议，深感抱歉。"这其实就是道歉的顺序及对象有误的代表性例子。

但在恋爱关系中，无法让已经分手的恋人抚平自己因分手而受到的创伤。因此，我们经常会不断地感到后悔、自责，并且再次伤害自己；或者向朋友们倾诉关于前任的种种，以获得他人的安慰。有时，我们会因此犯下错误，比如开始下一次恋爱时，我们会怂恿对方"你应该抚平我的伤口"，就像他才是给自己造成伤害的加害者一样；又比如因为前任出轨，自己遭遇了"换乘式离别"，再一次恋爱时就会患得患失，敏感于新交往对象的一举一动，难以信任对方。但是要知道，现在的恋人并不是给我们带来伤害的前任。如果对我们感到不安的部分，对方为了给予我们更多的信任而做出努力，就应不胜感激，感到不安实际上是属于我们自己的问题。

在恋爱过程中，若是因为自己的过错导致分手，由于无法向前任进行赔偿损失，所以会想着对下一任对象更好，努力成为更好的恋人。我们总说前人栽树后人乘凉，我们会与新的恋人谈更加成熟的恋爱，然而，也应该感谢前任，是他让我们学会成长。

　　分手后好长一段时间，我们才能渐渐淡忘与前任在一起的那段时光。因此，我们经常这样安慰失恋的朋友："时间会解决一切的。"有时也说着，"忘记一个人需要另一个人"，并给朋友介绍新的对象，希望朋友开始新的恋爱，走出失恋的阴影。

　　为了忘记上一段失败的恋爱而选择一段凑合的恋爱，我们称作"篮板球恋爱"。虽然通过"篮板球恋爱"可以抚慰失恋的伤痛，但无论是对对方还是对自己，似乎都不是一场坦诚或舒服的恋爱关系。

　　若是对对方的感情并没有那么强烈，只因为对方喜欢我就同意与对方交往，借此机会想要找回因失恋而跌至谷底的自尊心，会令人感到有种莫名的负罪感。

　　反问自己是否在通过另一段感情来遗忘之前的感情，若是过去的那个人我并不是多么爱，好像确实可以通过另一段感情来遗忘；但对曾经深爱过的人，那种令我神魂颠倒甚至可以让我一蹶不振的人，则必须用一段再次能令我神魂颠倒的爱情才可以让我忘记。旧人可以通过新的人来忘记，对于爱情来说也是一样，如果不是爱情就不能遗忘。即使有了新的对象，若是没有爱，也会不断地拿他与过去的恋人相比，并想念着过去的恋人。关于感情，我有着自己的标准。

第三章

这并不是恋爱

"速食"关系的原则

· 正确地享受与陌生人的心动感觉及其条件 ·

"不在乎外表，不去爱，也不期待明天。"

"哇，听起来还挺浪漫的嘛！"

"虽然也有人说，苦恼要不要做一件事的时候就不要去做，但如果比起'害怕'，更多的是'想做'，那也是没办法的事情。"

D是个觉得生活无聊透顶、孤独寂寞的人。那天我和D一起去了梨泰院的一家灯光昏暗的高级酒吧（lounge bar）。酒过三巡，她居然和某个人一起突然消失得无影无踪。其实，在经历过和陌生人一起度过一晚的朋友之中，很少有人在回忆起来的时候会认为那是一段"美好"的经历。大部分都说，当天只是头脑发热，被陌生人给予的心动感觉所吸引而已，一到早晨就会感到无比空虚。但是，当另一个陌生人给予的心动、散发的吸引力，或自己兴奋的状态、对未知的期待，让自己忘掉那种空虚的感觉，就会又陷入这种冲动行为中。

D 到底去了哪里呢？跟那个人一起她是不是安全的？我走出酒吧，正想着要不然明天早上再联系她看看时，D 打来了电话。她说，和那个人一起走出酒吧后，在明亮的地方一看，感觉不怎么样，于是就离开了，现在自己正在打车回家的路上。我不由得松了口气。

"速食"关系的特殊性

说实话，我第一次去酒吧是在法学研究院 3 年级的时候。在本科时期，由于周围没有一个人去过酒吧，大家都只是嘴上说着"一起去一次酒吧"，却从没有付诸过行动。光阴似箭，就这样过了四年时间。进入法学院后，我的生活变得更加艰难了。如果周末两天全部用来休息，就无法跟上上课的进度，因此，为了消化功课，每天从早上 9 点到晚上 11 点都必须进行预习和复习。如果偶尔出去喝一次酒玩耍一天，那么为了弥补这一天的功课，下一周就要过得更加紧凑。

就这样到了 3 年级，那时我已经心力交瘁，但又无处发泄。我都已经 28 岁了，一天，在得到当时恋人的允许后，跟着去过几次的朋友第一次去了高级酒吧。那时候感觉一切都是那么的神奇，但也是仅此而已。陌生人跟我搭话时让我感到负担，也会在不知不觉间产生戒心。于是我才发现自己在此之前没有去过酒吧的原因：比起和陌生人跳舞享乐，我更喜欢和自己亲近的人围坐在居酒屋里彻夜喝酒聊天。

对泡酒吧产生兴趣是后来的事情。当上律师后第一份工作开始我就不分昼夜了。我一般会坐早晨首班车下班，回家稍微打个盹儿，中午上班后第二天又坐首班车下班。面对着严肃而沉重的工作，工作本身也变成生活，我好像也暂时忘记了什么是玩乐、什么是休息。小学、初中、高中、大学，再到法学院，我基本上只往返于家和学校两点之间，因此想给自己枯燥的人生注入新的乐趣。

第一份工作中的项目结束之后，我跳槽到了目前的律师事务所时，喜欢跳舞的朋友主导了一场"夜游梨泰院"

的活动。这是距离上次去酒吧 2 年之后的事了。但是到了30 岁之后再去看，发现这里简直是新大陆一样。"怎么回事，我这么多年都干什么了？竟然没做过这么好玩的事情，好郁闷啊！"当然，愉快的时光并没有维持太久。我好像确实更喜欢在安静的地方和亲近的人喝酒。

我有所谓"不玩一夜情"的原则，并不是存在道德上的压力，只是不想和那些不太可能与我建立人际关系的人度过私密的时间。但是我还挺喜欢与那些虽然不安好心却魅力四射的人聊天。慢慢地，对于跟陌生人彻夜聊天的事情，我也开始感到很有意思了。尤其互相询问对方毕业于某所大学、专业是什么、从事哪种工作等，摘掉了所谓的"阶级身份"，以互不相识的状态交谈，真的很令人放松。我们平时都是以职场人士的身份在生活着，隐藏了自我的本性，带上社交的面具。当来到陌生人互相散发着魅力的场所，人们就会像遇见恋人时一样露出新的自我。

如果说恋爱意味着长期的关系，那么露水情缘顾名思义就是极其短暂的关系。用契约来打比方，可以说前者是持续性契约关系，而后者相当于临时性契约关系。所谓临时性契约关系，是指不具有时间的持续性，即在特定时间内集中履行义务，且只要双方履行了各自所承担的义务，就可以直接终止的契约。

这种临时关系是否有进一步发展的可能性呢？对有的人来说，也许只有短暂的相处，天亮后就说再见；对有的人来说，一夜之后，可能会在第二天一起吃早餐，或者之后再约会，甚至慢慢开启了恋爱之门。

约会的对象也大有不同，可能是在酒吧"玩乐"时认识的玩伴；可能是聚会上遇到的"意气相投"的人；也可能只是单纯地很喜欢对方，想和他共度一晚；还可能是想和他恋爱，于是想在开始恋爱之前对他有更深入的了解。

但是，临时关系至少是建立在"不期待明天""今天我们在一起过夜，并不是象征着可以发展成为恋人关系"这种观点上的，而且双方均达成共识的关系。在恋爱的世界中，这种关系确实占据了独特的位置。另外，这并不是建立人际关系的约定，而是发生关系的约定，这一点也很特别。如果抱着"今天一定让他喜欢我到无法自拔"的期待来面对这种关系，倘若与期待不同，对方并没有被诱惑，而是一直秉持着很酷很洒脱的态度，也有可能令你伤心欲绝。

　　一段露水情缘，因为并不确信以后是否可以持续保持联系，可能会像甜蜜的仲夏夜之梦一样消失，也可能因为和期待中有所不同而令人感到不愉快，还有可能迎接的是只剩后悔和空虚的早晨。另外，这种事也会让你毫无防备地暴露在各种犯罪或疾病等危险状况面前。因此，不仅是女人，就连男人也要多加小心，且要树立自己的原则从而建立安全网（该原则中除了几项之外，我认为也应适用于与恋人的关系之中）。

为了甜蜜而又安全的临时约会需准备的检查清单

　　做出临时约会这一决定应该是两个人之间共同商议的结果，而且必须是在意识清楚的状态下做出的决定，不能在醉醺醺地被情绪所驱的情况下做出这种有风险的事情。要充分理解自己做出的决定所包含的意义，并在今后能对此负责的情况下做出明确表示。如果对方烂醉如泥，你认为对方第二天无法清楚记得这一决定时，不妨认为与对方的关系并不是协商一致的结果。处在头脑不清醒状况下的人的自我意识表示是无效的，因此即使你问他一百遍，他都回答"可以"，也都不算是明确的意思表示。如果不想看到对方早晨起来惊慌失措地问："你到底是谁？"不想面对在已经达成协议的前提下，对方却追究"你对我做了什么"；或者不想以准强奸罪被起诉，那么绝对不要与烂醉如泥的人不清不楚。

最好是走在有摄像头的大街上，然后去便利店买避孕套，再拿信用卡买瓶水。到达地点之后，给朋友打个电话报平安或者发条短信也是个不错的方法。要留下事后可以确认的证据，也要清楚地记得两个人在一起的最后场所是哪里，在一起的那个人相貌衣着是怎样的。

住宿的话，建议去两个人都未曾去过的地方。我认为，将两个人的私人空间暴露给对方，反而难以得到信任。因为，如果女性到男性家中，就要顾虑家中是否安置了偷拍摄像头的莫名恐惧；如果邀请对方到自己的家中，就会很难防范以后对方不怀好意找过来的情况。反之，男性也是如此。

也要从暴力中确保安全。事先达成的协议范围外的一切身体接触以及有形之力都属于暴力。这可能是暴力胁迫，也可能是行凶、伤害等侵害人身安全的行为。然而密闭的房间是只有两个人存在的空间，因此在危险出现时可能会很难防范。"他应该不是个很奇怪的人"，如果你坚信自己的判断，或者明明感觉对方确实有些奇怪，但还是想要体验一次的话，即使是自愿冒险，也不能让自己遭到危害身心及生命的伤害。

对与身体接触相关的问题，彼此达成协议是最重要的事。虽然可以享受激情，但至少应该就双方接受程度达成一定的协议才行。例如，女方期待的是温柔克制的关系，然而男方却自作主张地做未经允许的事情，不顾及对方的感受，各种辱骂对方、动手打人，又或者让对方喝下奇怪的药，那这些就算是违背了协议。从违背协议的瞬间开始，男方就可能会成为强奸犯。因此，若自认为可能是越线的行为，就应该事先询问对方，比如："可以这样做吗？"

判断关系中的暴力，核心在于是否违背了一方的意愿但却依然强迫该方进行的行为。如果在过程中，对方并不体贴，只关心自己的感受，令你产生了不愉快的感觉，这只不过是一次没有礼貌的关系和一场不愉快的约会而已，并不能构成犯罪。如果你表达了拒绝的意思却被对方无视并继续发生关系；或者对方无视你的拒绝，使用暴力或者威胁的方式，或利用等级关系行使威权，才会成为刑事处罚的对象。

这种约会并不是等级关系，因此应自由地表达彼此的意思。没必要为了迎合对方而假装，既然已经做出决定，就应该充分表达自己所希望的东西，如果能够度过令人心满意足的夜晚，能够满足当初一起走出酒吧时的那种激动和紧张的心情，是最好不过的。相反，如果在互相不询问对方的需求，也不表达自己所希望的东西的情况下就结束了一系列的行为，或以单方面的满足收尾，那么宝贵的一夜就会变得非常可惜，之后也会后悔。

我们不能保证所有女性起诉男性性暴力的案件都是合理的，其中也会存在男性主张女性诬告的情况。仔细观察男性主张诬告的案例，就会发现一些共通之处：在大部分情况下，都是因为女方当时感到不舒服，却因为害怕气氛变得恶劣而没能及时拒绝或反抗，而在事后起诉男性。虽然目前法院依旧是以是否存在无法抗拒的暴力或胁迫为标准来判断是否属于强奸，但是经常会出现不能起诉或被判无罪的情况。在这种情况下，被判无罪的男性即使将对方反诉为诬告罪，其诬告罪也很难被认定成立。

法院针对是否存在可以构成强奸罪的暴力威胁等问题，会进行多方面的考量，除了暴力威胁的内容和程度之外，还将施加暴力的经过、施暴者与受害者的关系、事件发生前后的状况等所有情况综合起来，以事发当时所处的具体情况为标准来判定被告是否有罪。

近期，法院对性暴力或性骚扰案件进行研究时，根据案件发生的脉络理解性别歧视问题，为了实现男女平等，采取了应留意不能丢失"性认知感觉"的措施。由于蔓延在我们社会中的以加害者为中心的文化、社会认知结构等问题，性暴力或性骚扰的受害者在告知被害事实后，在问题处理的过程中反而遭受了否定性舆论、不公正待遇以及身份曝光等二次伤害。从这一点上来看，性暴力发生后，受害者必定会考虑自己与加害者的关系，以决定如何应对，因受害者的性格不同，通常也会有不同的处理方式。因此，在个别的案件中，并没有充分考虑性暴力受害者所处的特殊情形，就以受害者的陈述没有一贯性为由怀疑其可靠性是不当的。

无论对一段关系有多么期待，都必须先确保不会感染疾病。由于大部分选择短暂关系的人过去都有过恋爱经验，那么就会存在患病的可能性。在正常的恋爱关系中，恋人之间都应该了解对方的身体健康状况，共享妇产科检查、泌尿科检查的结果。如果对方是刚刚认识的人，你将无法确定自己是在与什么样的人建立多么危险的关系。如果男性拒绝戴避孕套，不管相识程度有多深，一般都会建议不要与对方发生关系。男性也是如此，在戴避孕套之前，如果女性想要发生关系，就应该说出"不行"，男人也和女人一样，要保护好自己的身体。避孕不仅仅是因为有怀孕的可能性，同时也是为了规避患病的风险。

最后我想说，虽然这段感情可能只存在于一个夜晚，但在第二天早上，目的行为结束之后的礼仪也决定着契约的成败。即使双方并没有敞开心扉，至少也应该对一起度过了一段时间的人保持礼貌的态度，应注意不要让对方感到被侮辱。因为，无论对方多么想表现出自己的洒脱，实际上也正处于心理脆弱的状态。如果凌晨起床打算先离开房间，就应该向对方好好打声招呼之后再离开；如果一起迎接了早晨，就应该以各自希望的方式分手；如果想下次再见的话，应正确地表达意思；如果想按照原来的目的，以一夜收尾的话，也应该表达出希望相忘于江湖的意愿。

随着社会的发展，无论人们的思想变得多么开放，性的分量对于世人来说变得多轻或多重，对花费了时间和精力的对方，我们也都应该遵守基本的礼仪。只有这样才能没有后顾之忧，没有后顾之忧才能算得上是一段短暂而又安全的关系。

　　随着大家危险意识的提高，为女性而准备的各种防身用品的销售量也在逐渐增加。但仅凭携带着防身用品并不能保护好自己，为了能够真正应用到实际当中，有更重要的东西需要了解。比如，遇到危急状况时，要保持警惕，随时准备从包里拿出防身用品，而且要足够敏捷，要准备好用脚踢加害者要害的勇气。有时电影或电视剧里常常出现这种场景，处于危急状况的女性发挥聪明才智用高跟鞋踩踏痴汉的脚、猛踢对方的要害或用牙齿咬胳膊。然而在现实生活中，做出这种行动没有想象中那么容易。

　　都说"男生就是在打架中成长的"，男孩子小时候大多都有动手打架的经历，而且熟悉各种各样的体育运动，喜欢看动作片，甚至对搏斗、拳击等有着很大的兴趣。与此相反，大家普遍认为"女生就应该文静"，因此女性一般少有与人动手的经历。

　　第一次学习拳击时，用力打沙袋让我觉得痛快淋漓。

但是真正到了练习赛的时候，明知道是训练，但对殴打对方的行为还是有很大的心理障碍。戴着护具的对方都鼓励说没关系，然而我还是下不了手。好不容易鼓起勇气出拳打对方脸时的那种感觉和心里的动摇，给我留下了深刻的印象。

大声呼喊也是如此。由于平时我们不会需要用很大的声音喊叫，所以也很难在危急状况下大声呼喊救命。打破自己的壁垒是很困难的。有一天凌晨，我在家附近遇到了一个痴汉，他从背后抱紧我，我想要用力推开，但发现论力气来讲我毫无胜算，于是决定大声呼喊。我抱着"两边都是别墅，肯定会有人出来吧"的想法用力喊了出来，声音大到感觉连胡同后的警察局都能听得到，就这样，被我的声音吓倒的痴汉逃跑了。如果不是大学时期在戏剧社团为了准备演出而做了些发声、呼喊的练习，我不可能发出这么大的声音。算是在大学生活中的兴趣爱好挽救了我。不过讽刺的是，当天在那个胡同里并没有一个人出来救我。

平时，至少可以尝试一下大声呼喊、用力投掷某些东西、拼命推开一个人等这类行动。因为，在头脑里无论怎么进行模拟，如果没有实际行动，一旦遇到这种情况时也很难做得出来。

约会暴力

·不再是个人隐私·

"如果让你问律师关于恋爱的问题，你会问些什么？"

"约会暴力。前不久来了一位好久没来的客人，说是被男朋友打了，住了一段时间医院。"

难得去了一趟美容院，发型设计师N跟我讲了某位客人与其男友的故事。热恋后不久他们便开始同居，然而男朋友对她身边的人们都给予很低的评价，而且一旦女朋友外出就会每隔一小时打一次电话给她。如果女朋友不迅速接电话，那天晚上男人准会动手打她，最终女人全身瘀青地被送进了医院。然而当男人拿着花束跪在地上求饶说"我爱你"的时候，女人就此原谅了他并又回到家里。N讲着这个故事，就像亲身经历了一样痛苦。N说："真无法理解为什么又回到那个人身边，那个男人该去的不是家，而是监狱。"然后又补充了一句，"但是这样的客人还挺多的"。

不存在"该打"的情况

约会暴力是指殴打、扔东西、监禁、威胁、擅自闯入私宅、随意触摸身体、强行发生性关系等各种犯罪行为。犯罪的加害者和被害者一般是恋人或者至少是暧昧的关系。约会暴力中除了这些明显的暴力行为之外，还包括一些精神虐待，比如无视对方并说些贬低对方自尊心的话等语言暴力；想要让对方达到自己的标准，如果稍有偏差就用过分指责对方、表现得伤心欲绝等方式企图操控对方的行为（煤气灯效应①）等。

存在这样一种观念：认为恋人之间发生的事情属于私人生活，公共权力不得介入；但我们应该明确，恋人之间的身体及心理攻击分明是属于"暴力"的范畴。若有人询

---

① 煤气灯效应（Gas-lighting）：巧妙地扭曲他人的心理或所处情况，令对方自我怀疑从而强化其控制力的心理操纵术。最早来源于 1938 年的舞台剧 Gas Light。

问受害者："你们俩是什么关系？"对方回答是恋人、夫妻、父母和子女关系，就认定这是对方个人私生活或家庭问题不加以关注，则会使暴力事件蔓延。

约会暴力呈逐年增长的趋势。据警察厅称：2014 年 6675 件、2015 年 7692 件、2016 年 8367 件、2017 年 10303 件。截至 2018 年 8 月，仅上半年就有 6862 件。由于约会暴力的程度千差万别，所以也存在受害者并不会申报所有情况的特点。而且，对于恶言相加或控制行为等无形的加害行为，即使进行举报，也几乎没有法律可以进行约束和处罚，因此可以看作并未记录在案。所以，我们可以认为，在很多恋人之间都存在约会暴力的现象。

排除正当防卫等非常特殊的情况，法律规定将所有对身体和精神造成的暴力行为均视为"犯罪"，并规定了相应的处罚。无论受害者和加害者的关系如何，都是如此。原则上，除非是受害者允许加害者行使威权的情况，然而即使经过受害者允许，却施加了超出受害者预想程度的伤害，还是会对施暴者予以处罚。公共权力也是如此，如果不遵守合法的程序或行使规定强度以上的权力，就会被视为违法的公务执行。绝对不存在可以无限制行使的权力，也不允许个人私自进行报复。

因此，即使对方外遇、无视自己、提出分手、说了伤人的话等，对对方行使暴力也属于违法行为。恋人关系不能作为暴力正当化的理由，任何人都不能拥有打人的权利，没有人可以以任何理由被他人殴打。如果因为生气就乱扔东西，或者诋毁对方、辱骂对方，甚至打算动手打人，就应该立刻和那个人脱离恋爱关系。对有暴力倾向的人必须尽早远离，这是为了自身的安全考虑。

出乎意料的是，其实有很多人都受到恋人的殴打且被恋人控制着生活（控制着回家的时间等日常事项，如果不遵守就会施加暴力、恶言相加）。即使在这种情况下，遭受暴力的人也会列出各种理由，将对方对自己的暴力行为正当化，并将其合理化为"爱情的形态"，从而一直忍耐着。

施加暴力的人想要通过各种各样的方式束缚受害者。比如，实施暴力行为之后以低姿态乞求并保证以后再也不会这样做了；或者威胁对方"如果你想分手，我就会以更残忍的暴力来回应你"；又或者对受害者进行洗脑"这是因为你做错了，如果你不做错我就不会这样"等。遭受暴力的受害者不管怎样都深爱着加害者，因此相信他说的话，想跟他在一起，从而承受着暴力，使自己的身体、精神和生命都处于危险的状态。

"这样可不得了，赶紧分手吧。"虽然她的朋友们都在担心着她，但是她却不断为加害者辩解，朋友们感到心力交瘁，都不想再见到她了，甚至对她说："如果你不打算跟他分手，就不要再跟我们讲你被打的事情。"就受害者而言，并不想听朋友们痛斥自己的恋人，而且感觉越说越会暴露自己羞于见人的一面，因此便渐渐远离朋友、孤立自己。加害者甚至会污蔑劝告受害者与自己分手的那些朋友们，并控制受害者的行动，让受害者不能和朋友们见面。

虽然有些人会认为这是在电视剧中才会出现的故事，但是仔细想想，你的周围可能也有朋友正处于这种情况，只是程度并不严重而已。即使周围的人都提高警惕并且劝她"还好目前处于初期，赶紧分手吧"，她也不会相信。但如果是真心朋友，就应该时刻关注着她，不要孤立她，告诉她，"如果真遇到恶劣的情况，不要感到羞愧或不好意思，一定要告诉我们"，并表示会提供帮助（如果是当事人，即使害怕，也一定要向朋友或家人请求帮助）。

如何在约会暴力中确保自身的安全

那么，如何在深深陷入爱情之前，辨认出对方是否会施加约会暴力呢？只要不是对方突然精神异常，暴力行为总会有些预兆。我们可以通过对方醉酒或生气时的行为举止、对女性或恋爱关系的整体看法等进行分析，只要在这些方面上发现对方可能会有极端的思想行为，那么在一定程度上就可以预测这个人会以何种方式施加暴力行为。

对方准备实施暴力时，就应该告知对方这是错误的行为。同时，如果朝我施加暴力，在第一次发生这种事情时，就应该立即表现出拒绝并警告对方。更准确地说，应该尽快感知到危急状况并与对方分手。"他只是喝醉了或者生气了，做出那种事情，是可以理解的。"一旦开始容忍这种行为，暴力在彼此之间就变成"被允许"的行为。一开始可能只是扔些小玩意儿，摔东西，但不久后的某一天也许就会发展成拳脚相向。

恋爱的目的是获得幸福，在暴力横行的关系之中，我们是无法感受到幸福的，即使是为了相互依靠、共同生活而开始恋爱也一样。如果因为依赖一个人，在恋爱中想要得到满足感，然后尽心尽力地迎合对方的需求，但对方只是在精神、肉体上压榨我，则无法看作是一场健康的恋爱。因此，希望在恋爱中每个人都能保持完整的自我，过分地依赖会让人迷失，成为对方的"所有物"。

另外，还要观察对方是否认为我们彼此处于平等关系。有必要衡量对方是把我当成可以随心所欲对待的"所有物"，还是为了显摆自己能力和财力的"奖杯"等。把握住这一部分的话，至少可以在一定程度上筛掉潜在的约会暴力加害者。因为，对恋人施加暴力的人大部分不把对方看作是平等的人，而是要求对方必须与自己一体化，或把对方看作自己可以随意对待的所有物。因此，我们应该像签订契约时一样，仔细考量对方并想象今后的关系，这不仅仅是为了"稳定"的恋爱，也是为了"安全"的恋爱。

在对抗约会暴力的过程中，最重要的因素就是采取坚决的态度，即如果对方对我进行辱骂、恶言相向或殴打，就应该马上与他分手。并且有必要铭记"我很珍贵""谁也不能对我恶言相向或使用暴力"的原则。哪怕只有一次，也绝对不能原谅对方对我实施的暴力行为。

无论出于什么理由，施加暴力的人才是罪魁祸首

我们一直被教导说"要做一个有礼貌、善良"的人，在遇到不正当的事情（包括歧视、暴行、性暴力等各种犯罪以及道德上的加害行为等）时，比起指责加害者的错误，受害者自责的情况更多，会出现"我应该更加小心"之类的想法。

特别是自尊心很强的人，很容易陷入这个误区，因为如果是主张加害者错误，他们会觉得自己站在弱势的一方，强烈的自尊心会导致他们不想承认这样的事实。因为他们认为自己并不软弱，于是便认为是因为自己的失误或疏忽才导致了这件事情的发生。"他原本是好人，是我的失误才导致他变成这样。"这种自责其实并没有用。

韩剧 *Live* 中有这样一个情节，父亲吴杨寸（裴晟佑饰）看见女儿吴松怡（高旻诗饰）在车里被男朋友暴打，于是

向女儿的男朋友施加暴行。吴松怡打算报警，然而她要告发的并不是殴打自己的男朋友，而是暴打男友的父亲。父亲不解，问女儿为什么，女儿说："是我先提出交往，然后又先变心说要分手的。"用这种方式袒护男友，说他是个很善良的人，是自己该打。

过了一段时间，女儿为了跟父亲和解，去了父亲的单位，但依旧抗辩说："那天为了以防万一，我把车门和车窗都打开了，而且手里还拿着手机随时做好了报警的准备。那里又不是偏僻的地方，到处都有监控，而且是我们公寓的停车场，我已经很小心了。"她还主张是因为自己有了别的男人，被男朋友恰好看见，所以他才生气的。她不断对男朋友的暴力行为进行辩解，说男朋友是个"善良的人"。

然而听到这一解释的吴杨寸这样说道："大部分的犯罪，不是因为罪犯有多凶恶，而是因为一气之下，在一瞬间就发生了！那时候在车里你明明说了不愿意，并且用语言和行动三番五次地警告他不要这么做，可那小子一直……（做了你并不愿意的那些行为）那家伙善不善良说明不了任何问题，他已经愤怒到不明事理了，这才是问题的关键，听懂了吗？他已经三番五次地无视你说的不要、不行，你怎么能保证他最后会乖乖地放你走呢？哪来的根据？你脚踏两只船，的确很缺德，但那家伙不经你的允许就打你的这件事并不合理，也无法被理解，这是犯罪，懂吗？并不是说爸爸动手打人这件事情做得对，但你也要弄清楚什么是对的、什么是错的。无论是谁，不经你的允许，在你说了不要的情况下，是绝对绝对不能碰你一根手指的！知道了吗？"

如果受害者开始自责，则加害者十有八九也会顺势指责受害者，目中无人地说："你应该更加小心的。"这种情况会更加糟糕，并不是因为受害者做错了事而活该被施加暴力，而是因为加害者破坏了法律和道德。我们必须意识到这一点，并时刻提醒自己："这是加害者的错。"

该怎么应对已经开始的暴力

即使你没有看到暴力行为的预兆，也没有必要自责。与其痛苦不堪，还不如行动起来。如果对方已经开始施加暴力，应尽快向周围寻求帮助。不要因为羞耻而不敢开口，或因为没脸见那些曾经提醒过你的朋友就保持沉默，越隐瞒就会越危险。而且，越是依赖加害者，加害者就会对你越残忍。

如果因为害怕逃跑时加害者会找来，并进行更严重的报复，所以不敢直接提出分手，也应该先收集证据。哪怕目前无法鼓起勇气，一旦有勇气惩罚对方时，就必须要有法律武器在身。如果是被殴打，就必须到医院接受治疗并留下诊疗记录，而且应该拍下被打的部位的照片，并发送给朋友或自行备份，从而达到保存记录的目的（为了防止手机被加害者抢走）。如果经常听到恶言恶语，就应该录下通话内容或者对话并进行保存。如果你突然有了勇气，就可以去找律师或联系相关的团体及专业机构，并在专家的指点下正式开始行动。虽然相关法律的制定仍不够完善，但是现在的人们对约会暴力的警惕心也有所提高，法律部门也在制定一系列政策，比如加强对约会暴力罪犯的制裁以及刑罚，完善受害者的保护政策，等等。

最重要的是受害者应具备坚强的意志，一定要与加害者分手并让对方为自己的施暴行为付出代价。说句残酷的话，如果受害者本人不具备坚强的意志，任何人都无法帮助她。

　　我们不时会看到这样一些事情。受害者有一段时间因为爱着对方而反复忍受了各种暴力行为，但渐渐地，加害者变得更加残忍，受害者逐渐无法忍受，直到加害者在非私人空间的公共场合攻击受害者的时候，才被周围的人举报，从而受到刑事处罚。真心希望您能拥有安全的恋爱，也希望您能爱惜自己。

恋人、夫妻之间也会构成强奸罪

2013 年，韩国关于性犯罪有一个非常重要的判决。即法院推翻了 20 世纪 70 年代以结婚的配偶为对象强制发生性关系的行为不构成强奸罪的判决，并变更判决为对配偶的强奸罪也成立。

法院变更判例时阐明了理由："对妻子的性暴力具有非常私人和隐秘的性质，因此不容易暴露，再加上配偶间的暴力呈现出反复、持续性的特征，如果对此不采取适当的应对措施，女性由此受到的伤害将会逐渐变得严重。特别是由于经济、文化及社会因素，会存在身为被害者的女性无法下定决心离婚，只好自暴自弃地选择忍受现实的情况。如果对妻子的性暴力在家庭内部无法自主解决，在女性的性自主决定权受到严重践踏的情况下，国家还以'夫妻之间的隐秘性生活相关问题'为由禁止干涉，则表明国家忽视了保障以个人尊严和两性平等为基础的婚姻生活。特别是当今社会，夫妻之间也应对两性平等和性自主决定权予以尊重，这已经成为国民普遍的法律意识。因此不论是婚姻关系濒临破裂，还是婚姻关系实际上仍在维持着的情况下，丈夫的性暴力达到侵犯妻子性自主决定权的程度时，为了防止类似事件再次发生，也为了恢复健康的夫妻关系，国家应介入并采取适当的措施，必要时也不得不考虑行使国家刑罚权。"

也就是说，法院对在夫妻关系中发生的性暴力的判决，不应该有"不该介入夫妻之间的任何私事"的态度，情节严重时甚至应该对其加害者进行刑事处罚（在实际认定强奸罪之前，会附加很多非常有限制性的条件）。法院认为，虽然夫妻之间的同居义务是由法律规定的，并且存在着与配偶进行性生活的义务，但以暴力行为或胁迫手段发生性关系的情况，是法律和道德不允许的。

判断并批评某人的行为时，一般都会有其标准。然而有时因为加害者和被害者是夫妻或恋人关系，我们就不敢介入并做出判断。这是出于一种顾虑，即"是否过度侵犯了别人的私生活"。但其标准也确实是存在的。如果加害者利用暴力行为、胁迫的手段、社会地位以及金钱等向受害者索取什么时，我们应该勇敢站出来。在这种情况下，还提出"受害者有罪论"或说出"一个巴掌拍不响"这种话的人，绝对不是一个善良且公正的人。

数码性犯罪

· 在隐蔽空间，请警惕拿着相机的恋人 ·

　　一旦进入需要脱衣服的封闭场所，我总会本能地观察一下周围，比如公共厕所、更衣室、旅馆等很私人的空间。我会下意识地触碰一下镜子（会有不法分子利用双面镜的特殊反射进行偷窥），确认周围有没有可疑的物体，有没有可疑的螺丝钉或有洞的地方。为了防止被他人偷拍进镜头里，我每次都会紧绷着神经。然而，毕竟无法把整个空间都翻个底朝天来进行确认，有时也会产生"即使被拍到了也是没办法的事"的这种想法，但害怕被拍到的恐惧感也一直伴随着我。每当进入一个封闭的空间时，我都会被那种令人紧张的烦躁情绪所困扰。曾经我还有过害怕在睡觉的时候恋人拿着相机拍我的经历。不管我多爱对方，我也总是会沉浸在这种怀疑和不信任的气氛之中。

对于自己无法控制的那些隐藏的相机，我会过度紧张并提高警惕。要是靠自己小心就能避免伤害，我肯定会更加注意。但是，像非法拍摄等事情并不是我提高警惕就能避免的，只能期待在社会层面对这些人进行管制、搜查、处罚，除此之外别无他法，因此这更让人火大。犯罪的人又不是我，凭什么要我忍受生活上的各种不便呢？

不是偷拍，而是数码性犯罪

隶属于女性家族部[①]的"数码性犯罪受害者支援中心"称，从 2018 年 4 月至 12 月，这 8 个月时间里共接收了 5687 件举报，其中"散布危害"占最多，达到了 2267 件（39.9%），接着是"非法拍摄"1699 件（29.9%），"散布威胁"803 件（14.1%）。据调查，一半以上"散布危害"的受害者 1301 人（57.4%）重复遭受了非法拍摄、散布危害、散布威胁、网络欺凌等；而遭受"非法拍摄危害"的 1282

---

① （韩国）女性家族部：韩国国家行政机关之一，主要负责女性政策的制定与管理、家庭暴力与性虐待的防止及受害者的保护、推进女性权益地位的提高、妇女儿童的福利与家庭政策等相关事务。

件事件（75.5%）是与"散布危害"同时发生的。"散布危害"中1282件（56.6%）是连受害者都不知道制作了影像的非法拍摄，而剩下的985件（43.4%）是虽然被拍摄者知道是在拍摄影像，但是没有同意将影像散布的情况。大部分的非法拍摄者，要么和受害者是配偶、前任等亲密的关系，要么是在学校或公司建立的人际关系。在不相识的关系中发生的非法拍摄案件共有592件，占全部的34.8%，而由熟人犯罪的案件高达65.2%。

在恋爱关系中，拍摄视频或照片的事件一般也是会突然发生的。例如，在脱衣服或发生关系的过程中，或者未穿衣物正打算入睡时，恋人突然拿出手机在未经我允许的情况下拍摄照片。一般来说，我会提醒对方："喂，不要拍！"但这种情况已经构成数码性犯罪。

韩国《性暴力犯罪处罚等相关特例法》规定："除了相机以外，利用具有类似功能的机械装置，在违背拍摄对象的意愿的情况下，对于可能引发性欲望的人体进行拍摄的拍摄者，将处以5年以下有期徒刑或3000万韩元以下罚款。"[1] 因此，在拍摄视频时，如果在被拍摄者不同意的情况下擅自拍摄，则这一瞬间罪名已成立，哪怕之后删除影像也不会被视为无罪。

如果遇到这种情况，就应该将这一法律条文告知对方，应确认对方是否完全删除了照片或视频，是否有像"云备份"一样自动上传的应用程序等。只要向警方报警，并将对方的手机作为证据提交给警方，即使对方删除了照片，也完全可以恢复，因此可以说是有了确凿的证据。在事先没有进行协商的情况下试图拍摄，即使实际上并没有拍摄成功，也将成为刑事处罚的对象。所以，恋爱时，最好不要在隐秘的情况下随意拿起相机进行拍摄。更何况约会时在恋人面前摆弄手机并不是很有礼貌的行为。考虑到这一点，约会时尽可能远离手机才是明智之举。

契约能够很好地维持下去的原因是双方都在履行契约的义务，并且不对契约另一方实施违法行为。我和小区咖啡厅老板能维持常客关系，是因为我不会在店里闹事，更

---

[1] 在中国，未经他人允许为对方拍摄私密照片，也属于违法行为。

不会做出不付钱等犯法的事情，而且咖啡厅老板每次都提供了令我满意的咖啡。恋爱也是如此，与犯法的人是无法维持长久的关系的，并不存在"因为是恋人"就被允许的犯罪行为。

即使同意拍摄，传播未经同意散布的音像制品也属于犯罪

韩国《性暴力犯罪处罚等相关特例法》规定，在没有经过同意的情况下散布拍摄的他人影像将予以处罚，且即使是在拍摄当时已得到对方允许或为对方自愿拍摄，如果在没有得到被拍人员同意的情况下擅自散布影像，则该行为也将予以处罚。这种情况和擅自进行拍摄一样，可以判处 5 年以下有期徒刑或 3000 万韩元以下罚款。[①]

这里说的"散布"包含发布、售卖、出租、提供或公然展示、放映等行为。"发布"是指无偿向不特定对象或多个对象提供音像制品；"售卖"是指出售；"出租"是

---

① 在中国，未经他人允许私自散布他人隐私影像属于侵犯个人隐私权，可以向法院提起诉讼，法院会根据证据依法处理。

196

指出借；"提供"是指给别人；"展示"是指在某处展示；
"放映"是指播放影像物。法律规定，对以这种方式散布
拷贝文件的行为，也和最初散布者一样予以处罚，并且这
种散布行为哪怕是仅对一个人散布也会构成犯罪。因此，
分享在群聊、偷偷给朋友看或通过电子邮件形式发送等所
有的这些行为都属于犯罪行为（把从别处收到的音像制品
传递给他人的行为当然也属于散布行为）。

在恋爱的过程中，会遇到这样的难题：由于我认为对
方是值得信赖的人（准确地说是误以为是这样的人）而同
意拍摄照片或影像并一同享乐，然而后来对方在没有得到
我的同意的情况下，将拍摄的影像或照片给朋友们传阅，
或以发布在某种地方的方式进行散布，这种情况更加普遍。
拍摄恋人间的私密影像或照片，并把这些拿给别人看，是
作为恋人绝对不应该做的事情。因此不管怎么深信着对方，
有多爱对方，我建议绝对不能同意这样的事情发生。类似
于允许或默认这样的行为将会是关系破裂时难以防御的定
时炸弹，这并不是维持契约的必要因素。

即使加害者并没有故意泄露影像，其实手机的安全和

隐私性也并不值得信赖,影像可能会通过多种渠道泄露。比如,在跟朋友们一起翻阅手机里的照片时,被不小心看到,拍摄者也有可能借机炫耀偷偷给朋友看,或在酒醉之余引以为豪地拿出来展示。另外,谁也不能保证分手后对方是否还拥有这样的可信度以及责任感。不管出于什么原因,传播秘密影像就是犯罪行为。

喜欢看已传播开的违法影像的共犯也确实数不胜数。偷偷隐藏相机进行的违法拍摄以及未经本人同意到处传播影像的事情并不在受害者的可控范围之内。但是如果你同意了拍摄,应该记住影像的控制权要在自己手上(正如前面所提到,在"散布危害"中 43.4% 的情况是允许拍摄,而并没有经过同意进行传播)。

想拍下与心爱之人的隐秘时光,是很正常的,其实我认为并没有必要隐藏这一欲望本身。因为人的欲望确实是丰富多彩的。但是,如果非要拍摄且想要观赏的话,用容易成为受害者的女性的手机进行拍摄(数码性犯罪受害者支援中心接收的受害者中有 88.6% 是女性),并打开"飞行模式"阻止网络自动共享,拍摄时也尽量不要露脸,做到这种程度，可以算是保护自己的最好的方法了。万一影像或照片被泄露时别人也无法识别出到底是谁，这种情况还是相对安全的。另外，即使同意拍摄，也要将要求对方"绝对不要给别人看"这类内容的短信或录音等进行保存，因为这些在需要的时候都可以作为自己并不同意传播的证据而使用。

彼此相爱而拍摄的影像，可能会在分手前夕成为问题

如果之前为了记录和相爱的某人一起度过的美好时光而拍下了照片或视频；或者存在自己并没有允许，对方擅自拍下来且拒绝删除的音像制品，则与恋人分手时，一定要要求对方删除其影像。虽然在双方是恋人关系时，彼此建立了一定的信任，多少可以相信对方不会传播，但是面临分手时，真的可以确定对方会乖乖地删除影像，并不会在以后散布传播吗？

如果恋人以此为借口拒绝和我分手，并威胁将传播影像，我们该怎么办呢？如果因为害怕威胁而不敢分手，我们还能摆脱这个束缚吗？给他钱就会帮我删除吗？跪着求

饶就会帮我删除吗？由于刑罚是事后性的，对于犯罪行为可以进行处罚，但是发生犯罪之后所遭受的损失却难以恢复。受到威胁固然会担惊受怕，但是一定要打起精神。如果因为害怕而妥协，损失只会越来越大。

当你和恋人一起拍摄的影像被传播出去时，你一定会非常难受。曾经爱过的人背叛了与我的约定，并将此展示给他人的事实，会给你带来无法想象的失望与伤害。一想到第三方看着我的身体进行令人作呕的想象，我就会有股憎恶感和厌恶感涌上心头。

但是，当今社会中不仅仅只有喜欢看这类影像且享受其中的那些禽兽不如的人，其实也存在很多正义人士，会认为传播散布这些影像是犯罪行为。我们的文化，正在慢慢地从指责受害者"为什么拍了那种视频"，转变成指责传播该视频以及一同观看的人的犯罪行为。

即使万一我成了被传播影像的当事人，我也没有做错什么。将与我的回忆散布给他人，违背承诺，背叛了作为恋人的义务，他才是犯下错误的人。在这种情况下，与其责怪自己，不如对加害者的背叛和犯罪行为感到愤怒，并鼓起勇气惩罚他的错误。所谓恋爱，是指互相认可对方为平等的人、互相敞开心扉、互相履行责任与义务的关系。分手后，也应保持尊重彼此的心。

违法音像制品的应对措施

如果我的手里有违法音像制品，或者有约好只与恋人两个人观看而拍摄的影像，要是已经分手的恋人威胁要散布，我就应该立即接受精神科治疗并搜集有关我的精神遭受打击的证据。在该事件发生后，所有与对方来往的联系都应该作为证据保留下来。在联系的过程中，应告知对方自己并没有同意该影像制品的传播，以及如果对方传播该影像就会成为刑事处罚对象的事实，并将此过程全部录下来。（在民事审判、刑事审判中，录音可以依情况而定作为证据而使用。但若是作为第三方的 C 暗中录下 A 和 B 的对话是违法的）应截图保存对方发送的含有胁迫意味的短信，并且应向周围的朋友告知，留下证据。

在收集到一定证据之后，为了防止对方传播音像制品，应向法院申请假处分 ①，内容即禁止传播音像制品，如果对方违反此规定，将进行处罚。对于自己所受到的精神打击，也可以民事诉讼的方式对违法行为提起损害赔偿诉讼。

对于违法行为提起损害赔偿诉讼，是指对方对我做出了社会层面上可以认作"违法"的坏事，并且由于此行为导致我受到了身体、物质、精神上的损害从而请求赔偿其损害的诉讼。如果向法院提出诉状，民事诉讼将开始进行，法院会将原告提出的诉状寄送给被告人即加害者。由于诉状会被寄到原告所记录的对方地址，所以，为了将对方是犯有违法行为的加害者的事实广为宣传给周围的人，最好的方法是寄送到对方家里（若对方是与其他家人一起生活）或寄到公司。寄送诉状并不属于名誉损害，关于这一点不必担心。

受到伤害时应立即收集证据并提起民事诉讼，目前韩国民事诉讼的一般诉讼时效为三年。但是最长诉讼时效为

---

① 即诉讼保全，是指法院对可能因当事人一方行为或者其他原因，使判决不能执行或难以执行的案件，在对该案判决前，依法对诉讼标的物或与本案有关的财物采取的强制性措施。

十年，自权利受到损害之日起超过十年的，法院不予保护。所谓诉讼时效是指可以行使权利的时间，但不会因为正在进行调查或刑事审判而延长其期限。

如果被"散布威胁"所折磨，为了应对对方有可能传播的情况，首先应联系警方等调查机关并提出诉状。应向调查机关告知对方拥有影像等资料，且传播可能性很高，要求尽快对对方采取拘留或扣押搜查等措施。另外，作为性暴力犯罪的受害者，在审判过程中应不断提出请愿书，得到发言机会并陈述受害事实。非法拍摄或擅自传播毋庸置疑都属于性犯罪。性犯罪受害者在刑事审判过程中，具有作为受害者进行陈述的权利。

真正的道歉应从具有诚意的损害赔偿开始

出现损失时，可以以向对方索取赔偿金的方法来获得赔偿。因此，要求对方以金钱形式支付其所受到的精神上的损失，这是受害者所能行使的理所当然的权利。应告知对方如果影像被传播，受害者在精神上会受到更大的伤害，因此会提高诉价。可以要求扣押对方所有银行账户中的财产，如果有车也可以扣押对方的汽车。要竭尽全力，用尽一切可能的方法来争取诉讼请求金额。

在韩国，对非法传播音像制品的行为要求的损害赔偿，虽然可以向法院证明自己受到了精神损害，依照精神损害的程度，要求的赔偿金额可能会有所不同，但是目前，一般判决的赔偿金额在 2000 万韩元以内（约 11 万人民币）。如果音像制品已经被传播出去，且损害程度非常严重，可以要求赔偿更多的金额。

最好不要对加害者说"我想要的并不是钱，而是真诚的道歉"之类的话。真诚的道歉来自具有诚意的损害赔偿。犯错误的人应该进行道歉，也应该相应地进行金钱方面的赔偿。正如前文所述，法律对"损失"的赔偿是以"金钱赔偿"为原则的，因此出现损失时要求赔偿，从法律上看也是极其合理的事情。

要想真正得到"真挚的道歉"，民事诉讼需要相当长的一段时间，有可能还会持续好几年。在刑事审判中，受害者会被传唤为证人，可能还得需要其不停地唤起那些令你痛苦的回忆，以及对对方的失望，曾经与恋人的美好回忆也会被一点点破坏。受害者或许也会面对很大的经济压力。这是一段艰难的旅程。尽管如此，你也不能放弃，而且，更不能忘记在这过程中还会有很多人帮助你，你应该依靠他们。要用尽你的努力，在法律允许的情况下，让加害者受到最大限度的惩罚，同时也要为自己争取最大限度的损害赔偿金。当加害者对你进行威胁时，让对方明确意识到你的态度，就能在一定程度上防止更多的伤害。若你曾经受过伤害，或正在受到伤害，希望你能鼓起勇气，至少我会支持你的。

已经传播的非法拍摄的视频该怎么办？

如果在不知情的情况下，非法拍摄的视频已经被传播了出去，我们该怎么办呢？应该删除正在传播的视频，找出传播的人并进行处罚，还要对我所受到的精神损害索取损害赔偿。

首先应尽快收集受害影像被上传的网站地址（URL）、能够搜索出的帖子题目和内容等信息（关键词）、影像或照片等的源文件、影像被上传的帖子的截图画面，等等。

之后可以与相关保护机构或警方取得联系。相关部门调查清楚后，会帮助你删除、屏蔽相关的帖子，还你一个公道。即便收集证据的过程并不容易，精神上也会很受打击，但是为了防止更大的损失，受害者必须要下定决心。

那些无意间被拍摄的非法音像制品的存在和传播，以及登载着传播影像的帖子下边回复的各种低级的评论，可能会令你痛苦不堪。但你要明白，这都是加害者的过错，而并非是你的错。谁都没有权利以低俗的话来毁损你的尊严。与其自责为什么会在自己身上发生这种事情，不如集中精力收集证据，寻找惩罚加害者的方法。即使没有找到加害者，或加害者没有受到应有的惩罚，你也为自己做出了足够大的努力，且接收到帮助你的人的善意，从而拥有面对今后生活的勇气。

见律师之前应做的事情

当发生的问题、矛盾无法从根本上解决时，人们就会找律师来依法解决事情。律师在刑事诉讼中起到辩护人的作用，在民事诉讼中起代替当事人提供法律程序和证据并向法院进行说明和说服的代理人的作用（因此在刑事诉讼中被称作"辩护人"，在民事诉讼中被称作"代理人"）。

如果委托人拿案件进行咨询，律师就会做出是否受理此案的决定，一起考虑法律上的纷争对委托人来说是否合理并提出意见。因此，首先应该确定自己的目的，以及想要的是什么，并寻找相应的律师。

比如，是为了让令受害者受到伤害的那个人受到刑事处罚；还是为了得到其所受到的损失的相应赔偿；想通过法律攻防战来折磨对方很长时间；或是希望对方再也无法接近受害者等等——正确传达自己的目标，才是最重要的。

为了帮助委托人做出决定，律师也会说明如果做出这样的选择，能够预测出什么样的结果；可能会花费多少费用；持续多长时间。同时也可以提出建议，如果想要得到委托人所希望的结果，应该如何去做，但最终选择还是需要委托人来决定。有时会有一些委托人会说："我真不知道该怎么做才好，律师您来做决定吧。"并把选择推给律师，这其实就已经超出了律师可以做决定的范畴。

在与律师签订协议并决定接受法律帮助的情况下，也要记住，律师只是做出受你委托的事情，对于委托人的与此事无关的许多其他事情，并没有提供法律上的帮助义务。归根结底，纷争如何解决取决于本人的意志。

跟踪骚扰犯罪

· 若已拒绝，还继续"骚扰"就是犯罪 ·

"你有遇到过这种事情吗？"

E 小心翼翼地开口说了话。由于她的恋人变得越来越难缠，E 痛苦不堪，最终选择了分手。分手之后，对方打来电话 E 都不接，到她家门口敲门 E 也装作不知道，直到有一天，消防队员突然打开门进到家里来了。原来是分手的恋人报警说："我的女朋友好像在家里，但是又不接电话，她之前还说自己身体不太舒服来着，感觉像是病倒了。"在这件事情发生后，他一直给 E 打电话，每天都到 E 的家门前等，甚至捧着花束出现在公司门口。E 说很害怕他下次又会做出什么奇奇怪怪的事。

求爱与跟踪骚扰之间

恋爱，是两个人的事。因此，如果其中一个人心灰意冷提出分手，就不再是恋爱了。事实上，接到分手通知的人几乎是无能为力的。但是，如果那个人不接受分手的事实，一个人继续停留在谈恋爱的状态会怎样呢？当然，由于不舍得，可能会偶尔联系对方一两次。但是如果和交往时一样，每天打电话、发短信、要求约会的话呢？如果一直无法接受分手的状态，想要复合而不断打电话，甚至威胁对方，即使对方拒绝也总出现在对方面前，跟踪、自顾自地诉说自己的苦衷，一味地乞求原谅，那么事态将变得更加严重。这些都属于折磨对方的事情，绝非是在求爱。

即使并不是交往的关系，也有人用自认为是"求爱"的行为进行着跟踪骚扰。甚至也有人会觉得"我喜欢你，我们就是在交往的关系"。他们忘记了对方也有权利选择喜欢还是不喜欢他的这一事实。即使不是跟踪骚扰之类的极端性事例，这样情感上的错觉也经常会产生。比如，痴心妄想着"我看上了她，所以她马上就会变成我的人"等。这种人只将对方理解为需要购买或争取的对象即物品，而不是交涉的对象，这是否认对方人格和自我决定权的行为。不能将恋爱对方看作是同等人格主体的人，就并不是想真心与对方谈恋爱。因为恋爱是同等的个体自由地进行交涉从而建立关系的一种承诺。

对方不愿意见面，还持续纠缠对方要求见面、跟踪、偷偷躲藏在某处等待对方，这种行为称为"持续性欺凌"。但是处罚的强度并不高，即使向警方举报，除了可以提出要求警察的保护以外，也没有其他的办法。而且就算报警后被警方抓走，大多数情况对方也只会被处以轻微的罚款或被处以训斥处分而已。这样反而给加害者带来了信心，因此有些人甚至忌讳举报。

应该将跟踪骚扰犯罪认为是暴力犯罪的雏形，并严肃处理。而且，面对拒绝和反抗时，有可能会激起跟踪骚扰者的报复心态，更加执着于此，这一点我们不得不警惕。

跟踪骚扰犯罪的严重性

跟踪骚扰并不是仅仅发生在分手的恋人之间，从周围的事例来看，包括分手的恋人在内，在公司里的前辈、来听课的听众、在社交网络上结交的朋友，甚至没有任何关系的人都会突然变成跟踪骚扰者，而且受害者不分性别。有时人们错误地认为是因为被跟踪的人没有表现出坚决拒绝的态度，只是模棱两可地对待跟踪者，或者做出"可能会引起误会的行为"，才引发了跟踪骚扰的事件。但这并不是受害者的问题，而完完全全是跟踪者的问题。

只要跟踪骚扰者没有用"不出来见面就杀死你""绝不放过你"等威胁生命的话语来胁迫受害者，或者对受害者实施暴力，采取威胁性的行为如不断敲门、擅自闯入住宅等违法犯罪行为，那么就无法只因为跟踪或不断发送骚扰信息对对方进行处罚，现行法律中没有可以处罚此人的明确规定。由于很难给予帮助，作为律师的我在很多情况下都感到非常的抱歉和痛苦。

爱情是相互的。"因为爱你才那样的""为了挽回对方的心才那么做"这些话语绝对不能使那些跟踪或骚扰的行为正当化。在对方拒绝的情况下，无视其意愿，只强迫其顺从自己意志的做法，不仅不是有效的求爱方法，甚至可能会构成犯罪。在恋爱中，双方需要互相认可，将对方看作是与自己平等的人，彼此相互交流、规划未来，做出让步，共同合作、互帮互助，从而一起走向未来。这个世上并没有一个人谈的恋爱。

　　电视剧和电影中常见的情节就是上司和下属职员之间的爱情故事。因为，编写故事时，会对时间和空间进行限制，工作上发生的故事之间的联系也会相对容易一点。在剧中，上司总是亲切又温情，对待下属职员的炽热爱情，让人欲罢不能。虽然上司在工作上是"甲方"，但在感情上却是"乙方"，由此展开了一段浪漫的故事。对喜欢浪漫爱情剧的观众来说，这样的反差，会让人产生上司不能对下属行使威权的错觉。

　　仔细想想，饰演上司的演员大多数情况下都非常英俊或美丽，因此观众肯定会期待下属职员对上司产生好感。在上司以工作为借口对下属职员展开爱情攻势时，很多人都不会认为这是暴力行为。上下级关系中总是存在着威权，面对能左右自己饭碗的上司的爱情攻势，下属职员真的能够忽略两人的职位差别吗？"我从现在开始不是你的上司，我只是爱你的一个人"，若是上司对下属职员说出这样的话,就能够不把他当作上司了吗? 正确答案是"并非如此",这在现实和电视剧中都是一样的。

上下级关系本身就已经形成威权。在工作中,上司就是上司,下属就是下属。我们一定在历史剧中看过这样的情节,皇帝说:"只有我俩在一起的时候,你就依然把我当成小时候的挚友,我们随意交谈,敞开心扉吧。"要是对这句话信以为真,真的对皇帝想说什么就说什么,这种人的后果大多是怎么样的呢?

如果真的爱上了下属职员,从表示好感、表白到交往的阶段,上级就只能成为彻彻底底的"乙方"。下属职员到底是该出于对上司的尊重、谨慎、礼貌而表示出亲近,还是真的有好感,上司会失去判断。自己误认为是在表达好感,对方却可能会当作是威权下的强制猥亵或性骚扰。当权者很容易会忽视自己的地位,也容易把下属对自己的好意和尊敬误认为是对自己的好感。为了不出错,就只能默默等待。

在现在这样的时代,如果下属职员喜欢上了上司,下属职员会先对上司表示好感，要是连这种勇气都没有，等待着上司对自己先说"我喜欢你"，会很容易被误解成职场性骚扰，而不是真正的恋爱。

对于恋爱是份契约的说法，有人问："为什么这么说呢？"恋爱是以爱情为基础的，爱情应该是盲目的，怎么能把恋爱比喻成精打细算的契约呢？我们经常会看到这样的情况，有的人会在还没有完全了解对方之前，就以"爱"为名开始恋爱的关系，在恋爱之中，会遵循着"男人该这样、女人该那样""恋爱本来就是这样的"之类的刻板印象而发展。然而每个人都是独一无二的存在。如果在最亲密的恋爱中都不能承认彼此的特别之处，还有什么比这更令人失望和遗憾呢？

仔细地询问并了解对方想要的是什么，就两者的关系交换想法并一同努力，这是一件再普通不过的事情。但我们也经常会看到这样的情况，因为热烈爱着对方而开始的恋爱，却往往不能如愿。由于害怕"如果问他这个问题，他不爱我了该怎么办"，可能会让彼此缺乏坦率和平等。如此一来，只会增加对彼此的猜忌，还会自顾自地把自己的恋人代入网上的那些烂俗故事之中并对他做出错误的判断，甚至在遇到恋人侵害自己人身权利及安全时，以"爱"为由为对方辩解。以契约的形式去看待恋爱，是为了摆脱过去社会上对恋爱的普遍观念，寻求新的方法，令我们的恋爱向希望的方向发展。

将恋爱比喻为"合同法"来写本书时，身为律师的责任感也起到了一定的作用。我抱有着这种期待：如果用比较容易理解的恋爱来比喻契约合同中的各种法理，读过我文章的人会不会在遇到契约相关的问题时就能够找到解决问题的头绪呢？于是在写本书的过程中产生了通过"合同法"的法理重新确立恋爱关系的想法，从而拥有了更大的目标。

契约的大前提是：签订契约的主体之间是平等的关系。也就是说，契约当事人主动制定自己将会遵守的规则。恋爱关系中的具体内容也是由自己来决定的。从这一点来看，恋爱与契约有着很相似的地方。之所以开始写"将恋爱看作契约"的故事，是想告诉大家，恋爱的双方是平等的主体。我特别想对女人说：女人也可以谈以自己为主体的恋爱。因为在很多恋爱关系里，女人在执行社会赋予女性的职责过程中，不知不觉间就会成为附属于对方的存在或为此遭到强迫。对男人而言呢，将恋爱视为契约的这一观点，也会使他们正视自己的恋爱。

另外，"恋爱是份契约"这句话也说明恋爱是由自己设定规则的关系，因此进行恋爱时我们有很多种选择。就像不一定要签订契约一样，恋爱也不是必须要谈的，更不是为了结婚而进行准备的过程。恋爱是自己想谈的时候就可以开始的，也是和与自己约定好、自己爱的人一起谈的，不需要遵循社会为你制定的所谓规则和角色。如果将恋爱看作契约，我们就能够摒弃那些对恋爱扭曲的理解，例如，恋爱是一方"拥有"另一方的关系；在恋爱中把自己物品化或作为交易对象……让自己从迫于社会压力而谈的仓促的恋爱中解脱出来。而且，通过了解对方是否可以以契约的观点与我缔结恋爱关系，即可判断出对方是否将我视为平等的主体，我们就可以排除掉那些将女性视为物品乃至以后会犯下罪行的人。

我经常说，爱着一个人是一件美好的事情，不是以结婚或恋爱本身为目的地去爱，而是单纯地爱着。所谓恋爱，是指我们遇到一个令自己怦然心动的对象，被他微笑着邀请到他的世界里，这是一件令人心动不已的事情。与其担心与这个人的心动时间会维持多久，去忧虑未来，不如珍惜当下"这一瞬间的幸福"。当然，为了维持幸福，需要两个人不断努力、细心地观察对方，并与对方进行沟通。有一个可以敞开心扉、相互依赖、相互扶持的人，会让生活变得丰富多彩，因此值得我们去努力。爱情是与友情截然不同的另一种感情，我希望更多的人能通过享受这种感情从而变得幸福。我们所有人都有资格得到他人独一无二的爱情。

虽然不能一口咬定什么样的恋爱才是好的恋爱，但是如何才能不失去自我，且安全、长久、稳定地谈恋爱，抱着想要分享这一观点的想法，我写下了这本书。有人想通过恋爱感受心动的感觉，也有人想要开始恋爱却不知道该怎么做，我希望本书能给这些人提供帮助，哪怕是一点点也好。我想给他们加油鼓劲，使他们鼓起爱人的勇气；也想安慰那些在恋爱关系中受到伤害的心灵。"我想谈属于自己的恋爱，而不是背负着社会标准的恋爱"，如果你听到了自己这样的心声，我会非常开心的。为了更安全更自由的爱情，像签订契约一样开始一场恋爱吧！